李

坤　著

歷史的現場

中華書局

图书在版编目（CIP）数据

历史的现场/李坤著. —北京:中华书局,2019.6
ISBN 978-7-101-13816-0

Ⅰ.历… Ⅱ.李… Ⅲ.中国历史-通俗读物 Ⅳ.K209

中国版本图书馆 CIP 数据核字（2019）第 046474 号

书　　名	历史的现场	
著　　者	李　坤	
责任编辑	朱　玲	
装帧设计	周　玉	
出版发行	中华书局	
	（北京市丰台区太平桥西里 38 号　100073）	
	http://www.zhbc.com.cn	
	E-mail:zhbc@zhbc.com.cn	
印　　刷	北京市白帆印务有限公司	
版　　次	2019 年 6 月北京第 1 版	
	2019 年 6 月北京第 1 次印刷	
规　　格	开本/787×1092 毫米　1/32	
	印张 7　插页 2　字数 150 千字	
印　　数	1-3000 册	
国际书号	ISBN 978-7-101-13816-0	
定　　价	48.00 元	

目录

走进历史的现场

贾宝兰

历史既似璀璨的星空，也如幽邃的黑洞，永远弥散着无穷无尽的魅惑。这一点，在中国人心目中尤甚。可以说，没有一个民族，像我们中华民族那样，两千多年来，居庙堂之高者和处江湖之远者，各自都以一种庄敬感或者好奇心，以不同的路径记录、刻写着前人和时人的点点滴滴，这些构成了我们这个民族流淌不息、绵延至今的血脉。

这本谈史小品（这是我对这部作品的定性）的作者李坤先生，不是史学界的新锐，更不是史学界的宿儒，而是一位来自西安基层法院的法官。他的生长、生活之地——八百里秦川、十三朝古都，曾经很长时间一直都是中华文明的中心，这个不须赘述了。我一直觉得，这片具有厚重历史沉淀和文化养蓄的土地上发育起来的人，都会长着一副具有沧桑历史感的面孔，这位敦厚的陕西汉子，就浑身洋溢着一种古淡、质朴的历史感。

由一位具有历史感的陕西汉子来讲述历史，相信读者诸君会从中体会到一种鲜活的现场感。我一直认为：好的历史作品，不应该是作者的自说自话、自娱自乐，而是致力于营造一种现场感，让读者身临其境，在其中凝视、沉思、咏叹、唏嘘。当然，这种现场感可能是孤寂的，也可能是喧嚣的，可能是沉郁的，也可能是冲撞的，这些都是历史的本色，无需润色，更不必调色。

　　现场感的营造自然是需要料作的，这种料作就是独特的史家文字。在这部小品中，作者以事件或者人物作为一个横截面，在这个横截面上融写实与写意于一炉，开合起落，娓娓道来，游刃有余，展现了一个历史讲述者的成熟姿态。这种如叙家常、如数家珍的笔法，对于一个业余作者来说，是难能可贵的。

　　历史是未有穷期的时空交织。我期待李坤先生能够继续在历史时空中穿梭逡巡，为我们带来更为生动而丰富的风景描摹与解读。

　　是为序。

2018 年 8 月

最酷烈的宫斗

汉武帝是我国历史上有名的皇帝，号称雄才大略。他的出身就很离奇，他的母亲王氏在进宫之前已经结婚，曾嫁给金家，并生有一女。她的母亲，也就是武帝的外祖母，极其强势地将她从金家夺回，奉献给皇太子，就是未来的汉景帝刘启。汉武帝刘彻生于公元前156年，在公元前141年登基，实际年龄还不足十五岁。刘彻总共在位五十四年，在中国历史上是享国最长的君主之一，直至18世纪，这一纪录才被康熙皇帝打破。而他在位期间发生的一场宫斗，创下了宫斗时间持续最长的纪录，且其斗争之激烈、范围之广大直至帝制结束仍未被打破，真正地空前绝后。

刘彻富于胆略，也极具想象力，很多方面都不为世俗所拘。比如母亲改嫁并生有金氏女，一般人都怕丢人而隐匿不说，他听到这件事情后，公然寻访自己同母异父的姐姐，并赐给她名号田宅。刘彻的皇后卫子夫，本是姐姐平阳公主家的歌妓，公元前139年，刘彻在平阳公主家一见倾心，就在更衣的轩车中临幸了卫子夫，并带回宫中。十年后（前128年）生子刘据，卫子夫即被立为皇后，公元前122年刘据被立为皇太子。

卫子夫的同母异父的弟弟是卫青，太子刘据就是卫青的外甥。卫青本是平阳公主家的骑奴，因卫子夫之故投身军旅，建功立业，竟然位至大将军，且在平阳公主的丈夫去世后，娶其为妻。他和武帝互相娶了对方的姐姐，两人互为对方的姐夫。

母亲是皇后，舅舅是大将军，有他们罩着，刘据的太子生活看起来一片光明，谁知有一天有个人唱了一首歌，他的光明前景就被罩上了一层乌云。

武帝手下有个叫李延年的，曾受过宫刑，担任养狗的职务。后来因为擅长音乐歌舞，受到武帝宠爱。公元前112年的一天，李延年唱道："北方有佳人，绝世而独立。一笑倾人城，再笑倾人国。宁不知倾城与倾国，佳人难再得！"

武帝叹息，认为世上再无这样的美人。在场的平阳公主就说："李延年的妹妹有倾国倾城之貌，且歌舞俱佳。"（平阳公主适合保媒拉纤。）李延年的妹妹就被召进宫中，果然绝代佳人。刘彻倾倒，不顾美人的娼妓身份，纳为妃，人称"李夫人"。李夫人生子刘髆，封为昌邑王。

谁知红颜薄命，李夫人忽然染疾，一病不起，眼看形销骨立，容颜憔悴。武帝亲来探病，李夫人用被子蒙住头，将幼子和兄弟托付给汉武帝。武帝再三恳请让他见上一面，李夫人坚决不同意，最后竟然将身子转向里面，背对着武帝哭泣。武帝无奈，只得怏怏而去。

武帝离开后，旁边服侍者纷纷抱怨李夫人：如果见皇上一面，当面托付效果多好，怎能如此对待皇上？李夫人叹道："之所以不让皇上见面，就是为了更好地托付儿子和兄弟。"

李夫人真是聪明！以色侍人者，必然最恐惧色衰而爱弛，尤其是侍奉有三宫六院、随时会喜新厌旧的帝王。李夫人因为美貌得宠，久病之后形容憔悴，武帝若见到必然厌弃，说不定恶心之下，逃走的可能都有，怎么还会重视李夫人所托之事？只有坚决不见面，武帝心中的李夫人永远是绝世容颜，永远不会老去。

果然，李夫人死后，武帝陷入长久的思念，作赋"秋气潜以凄泪兮，桂枝落而销亡"。他令画师画了一幅李夫人的画像，挂在甘泉宫中日日观看，以慰相思。

有一天，一个叫李少翁的方士自称能够将李夫人的魂魄招来。武帝大喜，按照李少翁所说，于夜间设置帷帐，点上蜡烛，武帝则坐在另一个帷帐中等待。不知这方士用了什么法术，武帝远远看见设置的帷帐中有一个女子，很像李夫人，一会儿坐，一会儿又站起来慢慢走动。武帝想走近看，李少翁称这样会吓走魂魄。武帝无奈，作诗："是耶非耶？立而望之，偏何姗姗其来迟！"

上述招李夫人魂之事只是传说，因为史籍记载，李夫人死时，李少翁早已死亡。《资治通鉴》认为招魂一事是指另一个受武帝宠信的王夫人。

武帝是有名的冷酷无情，能够对李夫人如此念念不忘，说明李夫人在他心中占据了独一无二、不可动摇的位置。即使再有年轻美貌的嫔妃，谁又能和死人相争呢？李夫人生前坚决不见武帝的举动，真是令人佩服。

想到李夫人生前的嘱托，武帝任命李延年为协律都尉，李延年的弟弟李广利为将军。武帝认为，现在对匈奴的战争已经取得重大胜利，匈奴已不是汉朝的对手，任命李广利为将，可以在比较容易获胜的战争中立下军功，从而封侯，得以富贵（汉无军功不得封侯）。

　　汉朝与匈奴的战争取得优势后，西域诸小国纷纷来朝。有大宛国，以出汗血宝马闻名，自认为路途遥远，汉朝势力无法到达，没有来朝。武帝欲求宝马，派使者带黄金二十万两和纯金所铸的一匹马前往大宛，想要换取宝马。大宛国王自恃有精兵六万，是西域大国，态度极为傲慢，一口回绝使者的请求。使者以天朝上国自诩，不想竟受此挫折，气愤之下出言不逊，并击碎了金马。大宛国王驱逐使者离开，并唆使人在路上将使者杀掉，夺走黄金。

　　消息传至长安，武帝即命李广利率兵远征大宛。因汗血宝马在大宛国贰师城，故命李广利为贰师将军。

　　公元前104年第一次远征，李广利因为轻敌和指挥不当失利，武帝大怒，不许李广利入玉门关。

第二次远征，汉朝作了充分的准备，出师的大军有六万人，还有很多"良家子"自愿出征，另有战马三万匹，牛羊骆驼无数。这一次出征声势浩大，大宛国人恐惧，杀掉国王，将人头献给李广利投降。李广利挑选了数十匹最好的汗血宝马和中等马以下及母马共三千匹凯旋，武帝封其为海西侯。

说是凯旋，汉军入玉门关时，仅剩士卒万人，战马千匹。但此战破城杀王，宣威于西域，政治上所得甚多。

太子刘据长大后，"性仁恕温谨"，汉武帝嫌他不像自己雄才大略，怕他不能继承自己的事业。加上其余皇子陆续出生，继嗣有了选择的余地，所以卫子夫和太子刘据的宠盛就变为宠衰，使得太子不自安。汉武帝对卫青说："太子敦重好静，必能安天下，不使朕忧。欲求守文之主，安有贤于太子者乎！闻皇后与太子有不安之意，岂有之邪？可以意晓之。"这段话说明武帝虽不满太子"不类己"，但鉴于秦朝故事，又怕"亡秦之迹"再现，实际上是处于徘徊之中。

卫青死于元封五年，即公元前106年。卫青虽不结党干预政事，但其戎马生涯多年，威望甚高，是谁都不敢忽视的巨大存在。卫青去世，太子失去了可以凭依的强有力的外家，导致臣下竞相构陷太子而无所惧。

卫青死，太子危。

汉武帝晚年，爆发了"巫蛊之祸"。

征和二年正月，即公元前91年，丞相公孙贺死于狱中。公孙贺的妻子是卫子夫的姐姐卫君孺（武帝任命公孙贺为丞相时，公孙贺恐惧流涕不愿受命，因前面几个丞相均死于非命）。

公元前91年，汉武帝生病，传说宫中有巫蛊牵扯到皇后卫子夫和太子刘据。武帝派江充彻查，江充怕太子继位后对自己不利，离间武帝父子，被太子抓住处死。武帝与刘据各自召集军队，在京城大战五日。武帝派人收皇后印玺，卫子夫自杀。丞相刘屈氂是武帝的侄子，颇得信任。他受武帝之命，作战尤力，太子刘据败走湖县（今河南灵宝），被围自杀。

刘据自杀后，他的后代只剩下出生才几个月的太子孙刘病已，被收押在大鸿胪郡邸狱。

汉武帝患病，有望气者称"长安狱中有天子气"，武帝震恐，派使者将长安城中所有罪犯，"无轻重，一切皆杀之"。因为管理监狱的丙吉以命相阻才保全了刘病已的性命。

据宋代的洪迈《容斋续笔》，因"巫蛊之祸"被武帝杀掉的人极多，"大臣无罪夷灭者数十家"，说明武帝对待"骨肉之酷"。但是洪迈所列武帝亲属，除了后来被杀掉的刘屈氂外，基本上都是卫氏家族的人物，卫子夫及其子、女、媳、孙。卫子夫的两个女儿诸邑公主和阳石公主，于征和二年闰五月死于公孙贺一案中，而公孙贺一案正是太子巫蛊之狱的前奏。卫子夫的血亲还有姐姐卫君孺和弟弟卫青的儿子卫伉，以及外孙曹宗，皆被处死。所以《汉书·外戚传》说：巫蛊狱兴，"卫氏悉灭"。

我们可以很清楚地看到，公孙贺之狱与太子刘据之狱，都是武帝针对卫氏发动的，目的还是在于更换继嗣。至于推动武帝对太子刘据清算的力量，虽不能说是李广利一方，但至少他们乐见其成。

太子死，武帝属意谁为继嗣之人，还暂不可知，但昌邑王刘髆无疑是强有力的人选。

刘屈氂与李广利是儿女亲家，李广利的女儿嫁给了刘屈氂的儿子。太子刘据造反，刘屈氂带兵与刘据死战，是打算除掉太子而立昌邑王刘髆为太子。所以王夫之《读通鉴论》卷三说刘屈氂对太子"必出于死战，此其心欲为昌邑王地耳！太子诛，而王以次受天下，路人知之矣。其要结李广利……屈氂之憝，非一日之积矣"。

汉武帝征和三年，匈奴入侵边境，武帝令李广利出征。临行前，丞相刘屈氂为李广利饯行。二人相约，助李夫人所生的昌邑王刘髆为太子。

刘屈氂与李广利希望立昌邑王刘髆为太子，但是此时汉武帝尚未属意诸庶子。太子死后，田千秋上书辩冤，武帝醒悟，族灭江充全家，建思子宫，又建归来望思台，一步步为太子昭雪。

唐代诗人许浑有《读戾太子传》诗：

> 佞臣巫蛊已相疑，身没湖边筑望思。
> 今日更归何处是？年年芳草上台基。

在武帝统治的最后三年内，曾经在巫蛊事件中因迫害太子而封侯的马通、商丘成、景建、张富昌、李寿等全部被杀或被逼自杀。

其中马通、商丘成、景建皆死于后元元年，即公元前88年。同一年，昌邑王刘髆死，死因不明。他的儿子刘贺继承了昌邑王王爵。

李广利出征期间，有人告发刘屈氂的妻子对武帝不满，请巫祈神，诅咒武帝早死。又有人告发刘屈氂与李广利共同祷神，希望昌邑王刘髆将来做皇帝。

汉武帝以巫蛊咒诅罪名腰斩了刘屈氂，并将李广利之妻收押。这时李广利已经出征匈奴，闻讯后向匈奴投降。武帝诛李广利全族。

不久，李广利因为卫律（与李广利本是旧相识，因怕被李广利牵连，从汉朝来降）陷害，被匈奴单于杀掉祭神。

公元前84年，汉武帝临死前，将最小的儿子刘弗陵立为太子，年仅八岁，是为汉昭帝。同时杀刘弗陵之母钩弋夫人，因为武帝认为"往古国家所以乱也，由主少母壮也"。又以大将军霍光、车骑将军金日磾、太仆上官桀三人共同为辅政大臣，又任命桑弘羊为御史大夫。

汉昭帝去世，因无后，霍光与皇后商议之后，迎立昌邑王刘贺为天子。二十七天后，因为"昏乱"被霍光联名宰相杨敞废黜。

丙吉上书霍光，推荐刘病已为皇位继承人。霍光认可，上书太后，迎立十八岁的刘病已为皇帝，是为汉宣帝。

昭帝无后，继承皇位的人选或者是昌邑王刘贺，也就是李夫人之孙;或者是刘病已，即卫子夫之曾孙，令人深思。

别忘了，霍光是霍去病的异母弟弟，而霍去病是卫青的外甥。

刘贺被废后，到公元前64年，已经在位十一年的汉宣帝刘询仍然关心刘贺的情况，接到山阳郡守张敞的报告，确认刘贺已不足为虑。公元前63年，刘贺又被贬为"海昏侯"，后在秘密监视中去世。

也许直至此时，卫子夫与李夫人的宫斗才画上句号。回顾二人的斗争史，李夫人死前以绝顶聪明在武帝心中留下了不可替代的完美形象，毫无疑问占据上风;卫子夫色衰爱弛后希望凭借母以子贵，母仪天下三十八年；武帝却在卫青死后发起了对卫氏家族的清算，先是逼迫卫子夫的姐夫丞相公孙贺自杀，然后太子刘据与卫子夫先后自杀，卫氏似乎一败涂地，偏偏太子留下一个才几个月大的孙子刘病已，而刘病已命悬一线时竟有丙吉舍命相救；李夫人一派则有李广利与丞相刘屈牦结成死党，力保李夫人之子昌邑王刘髆；孰料武帝改弦易辙，为太子昭雪，李广利、刘屈牦各就死地，刘髆也死于此时；钩弋夫人所生的刘弗陵成为汉昭帝，宫斗的结果似乎鹬蚌相争渔翁得利；数年后昭帝去世却无后，暗流涌动之下立刘髆之子昌邑王刘贺为帝，李夫人看似已胜利；不料峰回路转，刘贺仅仅当了二十七天皇上就被霍光以"昏乱"废掉，新立的皇上刘病已正是卫子夫的曾孙，以平民身份成为皇帝的汉宣帝刘询，似乎是卫子夫终于笑到了最后。

所以，卫子夫与李夫人之间虽无明争，却有暗斗。不仅生前，就在她们死后两股势力仍然持续缠斗了数十年，千万人头落地。但是，无论卫子夫、李夫人还是钩弋夫人，都是输家。对于她们的命运，千年之下我们只有一声叹息。

2011 年，江西南昌发现了海昏侯大墓。2016 年 3 月，经过数年挖掘整理，确认墓主人为刘贺。

天意从来高难问，虎兕相逢大梦归。

刘秀和成语

汉光武帝刘秀是我国历史上著名的成功人物，有趣的是，我们日常生活中常用的一些成语都和这位光武帝有关。

推心置腹

王莽败亡后，天下大乱，造反的武装大大小小几十支，以临近邯郸的"铜马"武装势力较大。24年，刘秀出兵征讨"铜马"。经过鏖战，"铜马"食物匮绝，连夜逃走。刘秀纵兵追击，至馆陶，大破之，"铜马"请降，刘秀准许。正在受降的时候，又有另外两股流民武装从东南而来，"铜马"于是不肯再降，会合这两股流民再向东南逃遁。刘秀一路急追，战于蒲阳，又大败之。"铜马"再度请降，刘秀不计前嫌，仍许之，封其首领为列侯。"铜马"虽已投降，但曾经降而复叛，唯恐刘秀不满，心中不免忧惧。刘秀命"铜马"首领回营,他要亲自入营慰劳。诸将听说,大为惊恐,认为刘秀是自投虎穴。刘秀说:"我害怕,'铜马'更害怕! 他们初降,惊魂未定,不如此不足以安其心。"执意不听,带十几骑,奋然入"铜马"大营。

刘秀敢进"铜马"大营,等于将自己的性命交到"铜马"手上,这是对"铜马"最大的信任和尊重! "铜马"从首领到士卒,无不感叹:"萧王(刘秀当时是更始政权的萧王)推赤心置人腹中,安得不投死乎! "于是再无异志,真心归顺。刘秀收编了"铜马"几十万武装,实力大涨,被称为"铜马帝"。

失之东隅,收之桑榆

27年,刘秀的宰相邓禹因为屡败于赤眉,急于复仇,遂不听刘秀的命令,在湖县又向赤眉挑战,战败。大将冯异来救邓禹,双双落败。冯异与赤眉约期会战,挑选精锐,穿上赤眉的服装,混战之中,赤眉无法分清敌我,军心动摇,刹那瓦解,冯异追到殽底,再次大破赤眉,投降的有八九万之众。

刘秀下诏慰勉冯异："始虽垂翅回谿，终能奋翼渑池，可谓失之东隅，收之桑榆。"意思是说：你虽然开始在回谿坂垂下翅膀，但终于在渑池重振双翼。可以说早上在东方失掉的东西，晚上却在西方获得。

有志者事竟成

29年，刘秀手下大将耿弇请缨讨伐在今天山东一带的齐王张步。双方大战，流箭射中耿弇的大腿，耿弇抽出佩刀砍断箭杆，连左右卫士都不知道主帅受伤。经过浴血奋战，张步溃败，汉军杀伤敌人无数，死尸相连八九十里。

几天后，刘秀抵达临淄，将耿弇与韩信相比，甚至功劳更超过韩信："昔韩信破历下以开基，今将军攻祝阿以发迹，此皆齐之西界，功足相方。而韩信袭击已降，将军独拔勍敌，其功又难于信也。"又对耿弇说："将军前在南阳，建此大策，常以为落落难合，有志者事竟成也！"意思是说：将军你从前（27

年）在南阳提出扫平故齐王国的策略，总以为规模太大，难以实现，想不到只要立定志向，终究可以成功。

披荆斩棘

30年，冯异到首都洛阳觐见刘秀。刘秀对文武大臣说"是我起兵时主簿也，为吾披荆棘，定关中"，又与冯异回顾起兵时的艰辛"仓卒无蒌亭豆粥，虖沱河麦饭"。冯异以春秋时期齐桓公和管仲的事迹作答："愿君无忘射钩，臣无忘槛车。"刘秀手下诸将争功时，冯异不参与，总是坐在一棵大树下，人称"大树将军"。其实，当初刘秀起兵时，冯异曾经作为王莽新朝的颍川郡掾，抗拒刘秀的汉军，后被俘，归降刘秀。

刘秀奉更始皇帝刘玄之命，经略河北。那时的河北，割据势力众多，尤其是王郎，诈称汉室宗亲，起兵称帝，势力最为强大。王郎以十万户悬赏刘秀的首级，刘秀等少数人正如丧家之犬，疲于奔命。他们抵达饶阳城外的无蒌亭，又累又饿，一筹莫展。

冯异不知从哪里搞来一碗豆粥，刘秀在天寒地冻穷途末路之际，一碗豆粥真是天赐。但是其他人都饥肠辘辘，一行人遂诈称王郎的"邯郸使者"，冒险进入饶阳，在传舍吃饭。这一群人饿得狠了，争抢起来，引起传舍官吏的怀疑，险些不免。他们离开饶阳，兼程赶路，顶霜冒雪，"面皆破裂"。

他们赶到曲阳，传闻王郎追兵在后，随从官员都很害怕。到滹沱河，探路的回报说河水解冻，没有船，无法渡过。刘秀命王霸再探，王霸为了安抚人心，假称河水已经结冰，坚实可渡。奇怪的是，他们抵达河边时，河水果然结冰。一行人刚刚渡过滹沱河，河水就解冻了。他们冒着大风雨赶到南宫，在路旁的空房子休息，冯异又不知从哪里搞来了麦饭，刘秀才填饱肚子。

刘秀赶到信都，太守任光出迎，刘秀才安定下来，从此走上了削平群雄一统天下的道路。

春秋时期，管仲曾经射中齐桓公的衣钩，齐桓公装死才逃得一命。齐桓公知道管仲大才，不计前嫌，打算重用，又怕鲁国不放人，以报仇为名，要求鲁国将管仲放在槛车中送到齐国。管仲后来辅佐齐桓公成为"春秋五霸"之首。冯异曾经被刘秀俘虏，所以用管仲对齐桓公说过的话回复刘秀，也是一段君臣遇合的佳话。

置之度外

30年，长江、淮河、山东一带的所有独立政权都被刘秀扫平，最后剩下的只有盘踞在甘肃一带的隗嚣和在四川自称"白帝"的成家政权公孙述。但是连年的战争使刘秀感到厌倦。此时，西州上将军隗嚣派自己的儿子来充当人质，而成家帝公孙述又远在偏远的西南边陲，刘秀告诉众将："且当置此两子于度外耳！"遂命令将士们在洛阳休养，而把大军调防河内郡。之后刘秀多次给隗嚣和公孙述写信，分析利害祸福，企图用政治手段解决。实际上刘秀是不允许在他之外还有独立政权存在，所以政治手段解决不了，战争就是政治的继续。

得陇望蜀

　　32年，刘秀出兵征讨隗嚣，隗嚣溃败，死守西城、上邽两城。后颍川盗贼群起，攻占多县，河东守兵亦叛，京师洛阳骚动。刘秀回兵平叛，临行赐书给手下的大将吴汉、岑彭等人："人苦不知足，既平陇，复望蜀。每一发兵，头须为白！"意思是说：人总是不知道满足，既得到陇地，又进一步想得到公孙述的蜀地。每次决定出兵，头发胡须都为之发白。

　　王莽时代，刘秀曾在长安上学，因为资用不给，他和同学集钱买驴，替人载物挣钱，也曾出面代理自己叔父的诉讼，显示出精于算计。在王莽末年寇盗风起的时候，刘秀也跟随哥哥刘縯起兵，在昆阳以三千人马大破王莽四十万大军，成就了"昆阳十三骑"的传奇，以至后世的左宗棠怀疑昆阳之战只是刘秀的一次梦境。在刘縯被更始皇帝刘玄杀害之后，刘秀自知自己的力量与其难以对抗，不但不为兄报仇，反而亲见刘玄，并且不为刘縯穿孝服，表示丝毫没有芥蒂，但很可能他此时已经确定了今后的长远目标。之后，刘秀接受刘玄的任命经略河北，经历千辛万苦，从小到大，终于有了自己的根据地，得以争霸天下。东汉末年袁绍争霸天下的路线图就是效仿刘秀，奈何敌不过自己的愚蠢。

刘秀具有军事天才，他手下的大将征战时，将兵力分布、地形地貌等情况向他汇报后，刘秀立刻就能指出利弊所在，而战争的发展也一再印证了他的眼光。有人说他"见小敌怯，见大敌勇"，黄仁宇先生分析说一定是大敌已在他预料之中，若不规避，一定是准备好一决雌雄，所以能临危不惧。反而是小敌会出其不意的出现，需要警惕，否则处置不当，可以牵一发而动全身。

刘秀应该是最早掀起舆论战的皇帝。在与四川成家政权的公孙述解释"公孙为帝"的谶语时，刘秀凭借手中的一支笔与公孙述论战，取得了舆论战的彻底胜利，争得了天下人心。此外，他多次致信给割据一方的势力，均表现出自己长远的战略眼光和超人的智慧。在给河西一带的窦融的信中，他明白无误地指出必有人劝窦融效仿南越王赵佗割据一方的事迹，使得窦融及手下大惊，也对刘秀千里之外洞察世情深为敬服。

在对待打江山的功臣问题上，刘秀也要比刘邦宽容许多，甚至传说"杯酒释兵权"的宋太祖赵匡胤也不能与刘秀相比，因为刘秀不仅表现出了自己性格中一贯的柔和，更展现出了赵匡胤没有的自信。

"大树将军"冯异，曾以重兵守卫关中。有人上书诬告他"号为'咸阳王'"，刘秀派人将上书转交冯异，冯异惶恐。刘秀说："将军之于国家，义为君臣，恩犹父子，何嫌何疑，而有惧意？"

即使对待降将，刘秀也是宽宏大量。更始皇帝刘玄手下大将朱鲔，曾参与谋杀刘秀之兄刘縯，又曾阻止刘玄派刘秀经略河北，本是刘秀不共戴天的仇敌。但他投降后，刘秀封其为扶沟侯。

虽然黄仁宇先生认为说他"内圣外王"甚为牵强，但也承认刘秀在天下大乱的时候起兵，"具有领导的天才能力不能否定"，"同时他对大小事宜，都亲身督查经营，毫不松懈。他也常在局势艰危的时候，冒着生命危险亲临前线"。也正因为如此，刘秀才能削平群雄，中兴汉室。也正因为如此，他才给我们留下了这么多充满智慧的成语。

马援与成语

刘秀手下大将众多，号称"云台二十八将"，以应天上二十八星宿。但有一个人，北击乌桓，南征交趾，功勋卓著，却不在这二十八将之列，他就是马援。

马援在王莽的"新"政权崩溃之后，是一个非常著名的人物。他与四川的公孙述自幼一起长大，自己又任职于隗嚣的政权。马援与这两个当世的枭雄感情甚好，但他认为"当今之世，非独君择臣也，臣亦择君矣"。他后来认定刘秀能够统一天下，结束战乱，就义无反顾地投到刘秀政权。与刘秀相似的是，马援也有一些著名的成语流传至今。

老当益壮

马援年轻的时候，因为家境贫穷，曾经在北地放牧，常谓宾客曰："丈夫为志，穷当益坚，老当益壮。"

意思是大丈夫立志，穷困时更坚定，年老时更壮大。

堆米成山

在刘秀准备讨伐隗嚣的时候，曾召马援询问军情。马援说"隗嚣将帅有土崩之势，兵进有必破之状"，又在刘秀面前聚米为山谷，指量形势，指明进军路线，往来分析，昭然可晓（这可能是我国历史上第一个立体军事地图）。刘秀说："虏在吾目中矣！"

画虎不成反类狗

49年，马援南征交趾，听说自己的侄儿马严、马敦行侠仗义，喜爱抨击别人，就写信给他们说："好论议人长短，妄是非正法，此吾所大恶也……杜季良豪侠好义……不愿汝曹效也。……效季良不得，陷为天下轻薄子，所谓画虎不成反类狗者也。"意思是说：你们学习杜保，如果不能有他那种气质，将堕落成为轻浮子弟。这就是成语"画虎不成反类狗"的由来。

马革裹尸

44年，马援对孟冀说："方今匈奴、乌桓尚扰北边，欲自请击之。男儿要当死于边野，以马革裹尸还葬耳，何能卧床上在儿女子手中邪！"孟冀回答："谅为烈士，当如此矣。"就是说大丈夫当身死战场，用马皮裹住尸首下葬。怎么能躺在病床上，死在哭泣的女人和孩子们手中？后来（49年）马援果然在征武陵时，感染瘟疫而亡，确以"马革裹尸"还。

马援病死军中，却不知自己已经被人诬告，而刘秀派来调查他的人已经在路上。这些人罗织了马援的罪名，陷害马援。刘秀大怒，撤除马援"新息侯"的爵位。马援的妻子儿女在大变之下，惊骇不已，不敢将马援的灵柩运回祖坟安葬，只是草草掩埋。他们知道马援的罪状后，前后六次上书诉冤，刘秀皆置之不理，具体原因至今仍是个谜。

马援在东汉初年是一个身份极其特殊的人物。他就职于隗嚣天水政权，隗嚣与他感情深厚，同榻而眠；在四川称帝的公孙述，与马援是同乡和发小。

他与刘秀的第一次见面，是28年，当时他接受隗嚣的委托，去成都考察公孙述。

他本以为公孙述会和幼时一样与他不拘形迹把酒言欢，孰料公孙述摆足了皇帝的架子才接见他。公孙述封他为大司马，马援拒绝了。他前往洛阳考察刘秀。刘秀仅仅戴着头巾笑脸相迎，说道："卿遨游二帝间，今见卿，使人大惭。"就是说：先生遨游两个皇帝之间，今天看到你，使我惭愧。马援说："臣今远来，陛下何知非刺客奸人，而简易若是？"刘秀笑答："卿非刺客，顾说客耳。"马援说："今见陛下，恢廓大度，同符高祖，乃知帝王自有真也。"这是将刘秀与汉朝开国皇帝刘邦相提并论了。

可以说，马援与刘秀的这次见面，是东汉初年一次非常重要的风云际会。马援从此毅然舍弃隗嚣和公孙述的高官厚禄和深厚感情，投入刘秀的阵营。

马援与刘秀的君臣相知，足以与刘备三顾茅庐相提并论。从此，马援一生都在战场，北击匈奴、乌桓，南征交趾，为刘秀的东汉政权立下殊勋。

48年，马援要求出征今湖南武陵一带的叛乱。

刘秀怜他年老，不肯答应，马援表示自己仍可披甲上马，并立刻骑在马上以示可用。刘秀笑："矍铄哉是翁！"就是说：好一个神采飞扬的老头儿！君臣默契，尽在这一笑之间。

马援就是在这次战争中，感染了瘟疫，住在一个山洞。每次叛兵鼓噪时，马援总是强撑病体爬起来，到洞口观察敌情，身边的卫士望着这位老将军的背影，无不泪下。最后马援病逝军中，马革裹尸。

马援身死战场之后，却引起了政治风暴！以前与他相知相契的刘秀，一改一贯平和的性情，更无给我们留下脍炙人口的成语时的智慧闪光，表现出的竟是失去理智的狂怒。对待手下的功臣大将，刘秀还是柔和的；对待自己的皇后，最终也没有辜负"做官当做执金吾，娶妻当娶阴丽华"的誓言。但他在马援身死后的翻脸无情，马援妻子的忍气吞声不敢辩驳，至今仍让人难以理解。如果说马援的进军路线有问题，但这路线是经过刘秀同意的；有人把他预防瘟疫带着的一车薏苡诬告成金银珠宝，也不能引起刘秀如此激烈的反应，所以必有不可宣诸于口的原因。

刘秀与马援的君臣相知相得，在历史上实不多见。这种相知贯穿了马援的一生，却在他死后烟消云散。

令我们珍惜的，是他们君臣初见时的相知相惜，纵论天下时的豪情壮志，堆米成山时的胸有成竹，"矍铄哉是翁"时的相视一笑。

虽然未能名列"云台二十八将"，但谁也不能抹去马援的功绩，历史记住了"伏波将军"，我们也记住了他的背影。同样，明朝时王守仁以平定宁王叛乱之功，封新建伯，身死后数年，嘉靖皇帝将爵位剥夺。但是，又有谁不知道阳明先生的大名呢？

往事追维，为之三叹。我们对于刘秀与马援的君臣际遇，留下一声叹息，但是他们留下的成语，却时刻伴随在我们身边。马援留下的成语虽然没有刘秀多，但他的"画虎不成反类狗"一直是响在人们耳畔的警钟；"马革裹尸"更是千余年来，鼓舞了无数热血青年捍卫国家民族的豪情壮志。

或为出师表，鬼神泣壮烈

诸葛亮是我国家喻户晓的人物。诸葛亮（181—234年），字孔明，号卧龙先生，琅琊郡阳都人。在人们的印象里，他总是身穿八卦仙衣，手摇羽扇，上知天文，下知地理，神机妙算。《三国演义》中，诸葛亮草船借箭、火烧赤壁，演出了一幕幕精彩的好戏。

诸葛亮曾隐居南阳，在刘备三顾茅庐时提出三分天下的《隆中对》。田余庆先生曾指出，历史上以数言定天下的大计，有萧何、韩信在汉中时请刘邦收巴蜀、出三秦，与项羽逐鹿中原；邓禹追刘秀于邺城，进说"立高祖之业"之事；王朴对周世宗柴荣陈述用兵之略及诸国兴亡次第，淮南（南唐）可最先取，北汉必最后亡，其后继承后周的北宋平定四方，与王朴所说基本一致。

以上诸人均被看作影响一代历史的政治家，他们对时局发展的洞察力和预见性，卓乎当世。他们都是以已知的基本条件作为根据，经过分析，推测未知条件，从而估计形势变化趋势，以判断历史的归宿。这其中，从后世广泛称道而言，无疑以《隆中对》为最。

《隆中对》是建安十二年（207年），也就是赤壁之战的前一年提出的，给刘备提供了一个基本正确的政治选择。当时，曹操已经牢固占据北方，"此诚不可与争锋"，并且，曹操即将借此向南方用兵。南方尚有扬州的孙权、荆州的刘表和益州的刘璋三股势力，如果处理得当，刘备也会取得发展壮大的机会。因此，诸葛亮向刘备提出取刘表、取刘璋、结盟孙权的近期目标和入蜀、治蜀以及自秦川、宛洛北伐等远期目标。

诸葛亮在《隆中对》中还认为天下大有可为，他出山帮助刘备攻取荆州，拿下益州，真正确立了三国鼎立的局面。

但是，没有想到关羽失荆州，刘备又不听劝阻，集合全国的力量连营七百里伐吴，惨败而回。《隆中对》的战略规划，一变于赤壁之战后孙权与刘备中分荆州，再变于刘备主力入蜀，三变于关羽失荆州，最后大变于刘备夷陵惨败，已经不可能实现了。因此，诸葛亮在《后出师表》中说"关羽毁败，秭归蹉跌"，主要是因为三变和四变，使他明白难以成事。他所面临的已经不是开拓而是如何守成，《隆中对》远期目标的北伐出宛洛、秦川两策已经只剩下奋力秦川艰苦一途。

刘备对于诸葛亮，始而有鱼水之喻，终而有白帝托孤之词。

诸葛亮的可敬，是因为他的使命感，明知不可为却仍然去做。诸葛亮在蜀中主管一切政务，励精图治，赏罚分明，并注意改善和西南各少数民族的关系。诸葛亮带荆襄及全国的人才入蜀，首要的问题就是与当地的势力相结合。蜀汉绝对要依靠巴蜀两地的世家大族，要仰仗四川的兵源和物资。他自己兼任丞相和益州牧两项职务，丞相代表蜀汉中央，益州牧代表地方。他以个人的诚信、威望和亲和力使这两股力量结合。诸葛亮对四川的融合基本上是成功的，四川的贤才都可以在蜀汉政府升到很高的职位，帮助诸葛亮一起管理巴蜀。

蜀中原来就有本土势力，刘焉、刘璋父子入蜀，又有了自己的部属。刘备、诸葛亮从荆襄带来了全国的人才，但这些人是新人，与旧人相比人数较少却居于要职。新人与旧人如何各得其所，彼此相安，是治蜀的第一要务。刘备白帝城托孤，是以"亮正严副"，并受遗诏辅政，因为当时蜀国真正的祸患不在魏、吴，而在于萧墙之内，即蜀国群臣中的新旧纠葛，是蜀政中的最大隐忧。诸葛亮和李严这二人恰好就是"新旧"各自一方的代表人物。

刘备在李严面前告诉诸葛亮，"如其（刘禅）不才，君可自取"，后世多认为是君臣相得，也有个别人认为是刘备的乱命，或者是对诸葛亮的猜忌，据田余庆先生分析，为了保障新人的地位，必须使其代表诸葛亮在李严面前有独特的地位，预防旧人另有图谋。如果真的有不测的事情发生，诸葛亮"行伊尹、霍光之事"都无济于事的时候，还可以走向前台，自取帝位，以应不时之需。所以，刘备临死前，赋予诸葛亮的角色，很像是后世打鬼的钟馗，这个鬼就是李严。

诸葛亮当政，其用人策略首先就是要巩固新人地位，稳定旧人，协调新旧关系以求安定，并进一步消灭新旧界线。

李严曾劝说诸葛亮受九锡，晋爵为王。诸葛亮回复："若灭魏斩叡（为明帝曹叡），帝还故居，与诸子（指李严等）并升，虽十命可受，况于九邪！"诸葛亮以"并升"尊崇李严，显示自己委曲求全之心，也是对李严政治试探的强烈表态。

但是新旧之间的矛盾，不是能够轻松化解的。李严辅政，居永安为外镇，力图在江州扩大实力，与成都有分陕之势。他还要求与诸葛亮一样开府，使巴蜀分庭抗礼的局面长期化、合法化，这是诸葛亮所不能允许的。所以建兴九年，诸葛亮废徙李严，是当时的一件政治大事，是解决新人与旧人之争的关键。

诸葛亮在蜀中，实行严刑峻法，以法治蜀，主要表现在用人上。陈寿评诸葛亮"科教严明，赏罚必信，无恶不惩，无善不显。至于吏不容奸，人怀自厉"，"尽忠益时者虽仇必赏，犯法怠慢者虽亲必罚"。《张裔传》中张裔说诸葛亮"赏不遗远，罚不阿近，爵不可以无功取，刑不可以贵势免"。因此蜀汉在诸葛亮在世的时候，已经到了路不拾遗的地步。

《三国志·诸葛亮传》说诸葛亮："终于邦域之内，咸畏而爱之，刑政虽峻而无怨者，以其用心平而劝戒明也。"所以，诸葛亮去世后，曾经被他处罚的廖立大哭："诸葛丞相在，我还可能回朝，从此我再也不能回朝了！"

蜀汉由荆襄带来的全国人才，虽然未在四川消耗，但人会老病。所以诸葛亮在《后出师表》中说："自臣到汉中，中间期年耳。然丧赵云、阳群、马玉、阎芝、丁立、白寿、刘郃、邓铜等，及曲长、屯将七十余人，突将、无前、賨叟、青羌、散骑、武骑一千余人，此皆数十年内所纠合四方之精锐，非一州之所有；若复数年，则损三分之二也，当何以图敌？"道出老人损折死亡殆尽，时不我予，非借重当地的新生力量不可。

由此也可知诸葛亮积极开发南中的原因。他五月渡泸，深入不毛，是因为在四川实力太小，资源太薄，若不开拓新的疆域，有可以回旋的战略纵深，遑论北伐中原，连苟延残喘也不容易。所以，他翻山越岭，深入到今天的滇缅地区，也是为了取得南中的资源：马匹，铜铁……以及南方的兵源。在冷兵器时代，没有马匹就不可能有强大的军力。

诸葛亮开拓南中，得到了滇马。滇马虽然体型较小，却是战马，能够用于征战。他也开发凉州，取得羌人的支持，也搜罗到像姜维这样的人才。马超被列为五虎上将，他的重要性在于他代表凉州的兵源，兵强马壮，又有羌人作为后援，是蜀汉的主要武力。姜维后来能够在西北维持下去，靠的也是凉州兵。没有羌人的军粮与凉州的兵马，他无以为继。

诸葛亮实际上是卓越的行政人才，他对于军事，未必以智计见长，所以，诸葛亮的敌人司马懿，对他最佩服的是行军安营有规矩。陈寿说诸葛亮"治戎为长，奇谋为短，理民之干，优于将略"。其实，军事不是儿戏，像白起、陈庆之那样的军事奇才能有几人？清朝的曾国藩，就是以"扎硬寨、打死仗"为信条，因为"兵者，国之大事，死生之地，存亡之道，不可不察"。诸葛亮在《出师表》中，推荐的军事人才向宠，从来就不见赫赫战功，却擅长军事管理。诸葛亮希望恢复汉室，但是蜀汉地方太小，东汉十三州，曹魏拥有七八个州，其人口是蜀汉的十一倍，蜀汉难与曹魏争夺天下。

南中的开拓使蜀汉增加了人口、土地，也取得了南中的资源，使蜀汉增加不少力量。孟获就是南中的大族，后来做到御史中丞，相当于副宰相。

诸葛亮平定南中，但他依然要靠南中当地强大的地方势力来管理南中，使得南中反而出现了一些世袭的地方官。没有收服南人之心，未能将南中和巴蜀成功地整合在一起，所以云南、贵州的独立性并没有因为诸葛亮南征而降低，一直到了南朝，南中仍然是遥远的地方，和南朝的政局没有多大关系。

并且，诸葛亮七擒孟获使南中不复反，并不符合事实。诸葛亮回师不久，南中即有反抗，李恢率军平定。

许倬云先生认为：诸葛亮留下的两篇《出师表》，据说有人考证《后出师表》是后人的伪作，不过很符合诸葛亮的心情。两篇《出师表》的背景不同，《前出师表》是在北伐前夕，诸葛亮表达了受刘备托孤之重，谆谆教诲后主刘禅治国用人的主要问题，也预见到蜀汉日后面临的困境，一片耿耿忠心："亲贤臣，远小人，此先汉所以兴隆也；亲小人，远贤臣，此后汉所以倾颓也。"《后出师表》诸葛亮几次北伐未竟后，总结经验教训，主要是粮食转运困难，所以决心在关中渭上屯田，长期抗敌时期所作。那时，蜀汉人才凋零，其实已经不可能恢复中原。诸葛亮是明知其不可为而为之，他是在做最后的告别："凡事如是，难可逆见。臣鞠躬尽瘁，死而后已。至于成败利钝，非臣之明所能逆睹也。"

诸葛亮的忠心虽然是针对刘备，但不是君臣之义，而是朋友之义。如果不是刘备三顾茅庐的那种诚意，诸葛亮不会呕心沥血，为刘备的事业打拼，明知不可为而为之，"逆天行事"，打出了三分天下的局面，这就是信守对朋友的承诺。

诸葛亮治蜀很成功。老辈的四川人爱在头上裹块白布，传说是给诸葛亮戴孝，这个孝一直戴了一千多年。

杜甫《咏怀古迹五首》其五：

诸葛大名垂宇宙，宗臣遗像肃清高。
三分割据纡筹策，万古云霄一羽毛。

伯仲之间见伊吕，指挥若定失萧曹。

运移汉祚终难复，志决身歼军务劳。

竹林七贤之嵇康与山涛

竹林七贤是指在魏晋时期,陈留阮籍、谯国嵇康、河内山涛常在一起聚会,三人年龄相仿,嵇康的年龄稍小些,另外还有沛国刘伶、陈留阮咸、河内向秀、琅琊王戎,其中阮籍、阮咸是叔侄。他们七个人,互相友善,常在竹林下聚会,饮酒抒怀,号为"七贤"。《资治通鉴》说他们"皆崇尚虚无,轻蔑礼法,纵酒昏酣,遗落世事"。

竹林七贤各具风采,我们今天要说的是嵇康与山涛。

嵇康(223—262年),字叔夜,谯郡铚县(今安徽濉溪)人,魏末名士,官至中散大夫,人称"嵇中散"。有奇才,卓尔不群,《资治通鉴》说他"文辞壮丽,好言老、庄,而尚任奇侠",常言养生服食之事。他不满司马氏专权,"非汤武而薄周孔",为礼法之士所嫉恨。后遭钟会诬陷,为司马昭所杀,有《嵇中散集》。

所谓"服食"，是指魏晋时期流行服食"五石散"，又称寒食散，是由丹砂、雄黄、白矾、曾青、慈石五种金石类药，再配以其他药物调制而成，其药性皆燥热猛烈，服后使人全身发热，所以服食后要宽袍大袖行走以散发药性，怪不得那时有些人总爱裸体。"五石散"产生一种迷惑人心的短期效应，当时的人认为服食"五石散"，不但可以治病，而且也觉得神志清楚，情绪畅快，实际上是一种慢性中毒。

嵇康身长七尺八寸，风姿特秀。见者叹曰："萧萧肃肃，爽朗清举。"或云："肃肃如林下风，高而徐引。"山公曰："嵇叔夜之为人也，岩岩若孤松之独立；其醉也，巍峨若玉山之将崩。"

这是说，嵇康风姿秀美出众，见到他的人都说："他举止潇洒严正，气质豪爽清逸。"有人说："他畅快有力犹如飒飒作响的松下之风，高远而舒缓绵长。"山涛说："嵇康的为人，高大挺拔如孤松傲然独立；他喝醉酒时，像高峻的玉山将要崩塌。"

嵇康与吕安很友好，每当想念对方时，即使相隔千里，也要长途驾车前去探访。吕安后来有一次去拜访嵇康，正巧嵇康不在家，嵇康的哥哥嵇喜出来迎接。吕安不进门，在门上题了一个大大的"鳳"字就走了，嵇喜很高兴，认为是夸奖他。嵇康回来告诉他："鳳"字拆开是"凡鸟"之意。

吕安的妻子很漂亮，但被吕安的哥哥吕巽强奸，吕巽还倒打一耙，以"不孝"之名诬陷吕安，这在当时是大罪。嵇康仗义执言，终于被牵扯进去。钟会说嵇康曾经想要帮助造反失败的毌丘俭，并说："今不诛康，无以清洁王道！"

钟会是三国时期魏国重臣、书法家钟繇的儿子，深具聪明，又是贵公子，名重一时。在司马师、司马昭兄弟掌握魏国大权的时代，钟会实际上是司马昭的谋主。钟会与邓艾灭蜀之后，钟会入成都，手握雄兵二十万，想割据蜀地做第二个刘备，却因部下反叛而失败，自己也死于乱兵之中。

钟会为什么要害嵇康？我们来看一看二人之间发生的事情。

据《世说新语·文学》记载：钟会撰《四本论》始毕，甚欲使嵇公一见。置怀中，既定，畏其难，怀不敢出，于户外遥掷，便回急走。

这是说：钟会作了《四本论》，论说人的才能与德性的同、异、合、离的问题，《四本论》在三国末期是很流行的清谈命题之一，他很想让嵇康看一看，已经走到嵇康的住所，又怕见了嵇康被诘责问难，就不敢把揣在怀里的文章拿出来当面给他，只是在门外远远地扔进去，便转身急急忙忙地跑了。

钟会以前不认识嵇康，有一次，他邀请当时的贤能杰出之士，一起去寻访嵇康。嵇康当时正在大树下打铁，向秀帮他拉风箱鼓风。"康扬槌不辍，傍若无人，移时不交一言"，钟会起身要走，嵇康才问他："何所闻而来？何所见而去？"钟会说："闻所闻而来，见所见而去。"钟会起先很仰慕嵇康，但受到嵇康的冷遇，怀恨在心，所以在司马昭面前构陷嵇康，嵇康终于被杀害。

《世说新语·雅量》又载：嵇中散临刑东市，神气不变。索琴弹之，奏《广陵散》。曲终，曰："袁孝尼尝请学此散，吾靳固不与，《广陵散》于今绝矣！"太学生三千人请以为师，不许。文王亦寻悔焉。

这是说嵇康临刑时说："袁准曾经请求跟我学奏此曲，我吝惜固执，不肯教给他，《广陵散》从此要失传了！"当时，太学生三千人向朝廷上书，请求以嵇康为师，不被准许。嵇康被杀后，司马昭随即也后悔了。

嵇康有一个特殊身份，他是曹操的曾孙女婿（一说是孙女婿），在政治上坚决反对司马氏当权，"毌丘俭反，康有力，且欲起兵应之。以问山涛，涛曰不可。俭亦已败"，参与了反抗司马氏的政治活动，至于思想激进，则是次要因素。所以钟会能够在司马昭面前谗害嵇康，即能动司马昭之心，确实因为嵇康有颠覆性的活动。"人才不为我用，即为我杀"，故嵇康必死。所谓司马昭后悔云云，惺惺作态罢了。

竹林七贤之一的王戎说与嵇康"居山阳二十年，未尝见其喜愠之色"。

山涛（205—283年），字巨源，河内郡怀县（今河南武陟西）人，三国曹魏及西晋时期名士、政治家，做官累迁尚书吏部郎、太子少傅、右仆射。

有人曾经问丞相王衍：山涛探究名理的学问怎样？与谁相当？王衍回答说："此人初不肯以谈自居，然不读《老》《庄》，时闻其咏，往往与其旨合。"这是说，山涛从来不肯以善于清谈自居，可他虽然不读《老子》《庄子》，却时常听到他的吟咏，倒是每每与老庄思想主旨符合。

山涛任晋武帝的吏部尚书，任人唯贤，大公无私，每选官员必承皇帝之意，再加上自己的意见，时称"山公启事"。

《世说新语·政事》记载说：山司徒前后选，殆周遍百官，举无失才，凡所题目，皆如其言。唯用陆亮，是诏所用，与公意异，争之，不从。亮亦寻为贿败。

这是说山涛在曹魏和西晋前后两次担任吏部官职，所选几乎遍及百官，选用的人没有一个是不恰当的。凡是他品评过的人物，都像他说的那样。只有任用陆亮，是皇帝下诏决定的，与山涛的意见不同。山涛为此事争辩过，皇帝没有听从（山涛推荐的是阮咸）。陆亮不久也因为受贿而罢官。

他曾经举荐嵇康，"山公将去曹，欲举嵇康，康与书告绝"。

这是说：山涛将不再担任选曹郎的职务，举荐嵇康代替自己。

嵇康与山涛同为"竹林七贤"，本是好友。但嵇康不愿做司马氏的官，他认为山涛并不了解自己，就写信给山涛绝交，列出自己"七不堪、二不可"，表明自己不愿为官的态度，这封信就是著名的《与山巨源绝交书》，被认为是历史上第一篇体现文人独立性格的讽喻佳作。

奇怪的是，嵇康被抓前，将儿子嵇绍托付的人，既不是自家的亲戚长辈，也不是与他关系最好的向秀，偏偏是绝交的山涛。嵇康对嵇绍说："巨源在，汝不孤矣！"

山涛对待嵇绍，就像对待自己的儿子一样，将嵇绍培养成才，并将他推荐给晋武帝，留下了"嵇绍不孤"的成语。

王戎品评山涛："如璞玉浑金，人皆钦其宝，莫知名其器。"意思是："他就像浑金璞玉，人人都看重他是宝物，但就是不能形容他的气度。"

嵇康的儿子嵇绍（253—304年），字延祖，在晋武帝时为秘书丞，后官至侍中。有人曾经对王戎说："嵇延祖卓卓如野鹤之在鸡群。"王戎回答："君未见其父耳！"

《世说新语》说嵇绍"清远雅正"，这是说嵇绍志向高远，本性正直。

嵇绍在晋室为官，曾经引起争议。有人说嵇康被司马昭所杀，嵇绍却效忠于晋室，是为不孝。其实，嵇康将嵇绍托孤给山涛，别有深意。嵇康自己既然不容于司马氏，难道也会让儿子与自己一个下场？山涛是司马昭的表兄，嵇康与山涛划清界限后，山涛仕途畅通，最后官至"三公"之一的司徒，难道不是嵇康有意而为之？所以嵇绍出仕司马氏，正是秉承嵇康之意。

永安元年（304年）"八王之乱"时，东海王司马越挟持晋惠帝司马衷与成都王司马颖交战，大败于荡阴。

晋惠帝司马衷，都说他是"白痴皇帝"。他在历史上最有名的事迹，是臣下报告他，百姓没有粮食吃饿死，他反问："何不食肉糜？"

司马颖的士兵杀到晋惠帝面前，晋惠帝脸上受伤，被射中三箭，百官与侍卫溃散，只有嵇绍身穿朝服，登上晋惠帝的御辇，以身护卫晋惠帝，被杀于帝侧，血溅帝衣。

在被司马颖掳至邺城后，周围的人要给晋惠帝洗去龙袍上的血迹，晋惠帝说："嵇侍中血，勿浣也！"

以至于几百年后司马光感慨："孰谓帝为憨愚哉！"

文天祥在《正气歌》中写道：

> 为严将军头，为嵇侍中血。
>
> 为张睢阳齿，为颜常山舌。

"嵇侍中血"说的就是嵇绍血溅帝衣的事迹。

黄仁宇先生认为：我们听过法国大革命时，国王路易十六的王后玛格丽特·安东妮闻及百姓没有面包吃，曾叫他们吃蛋糕的故事，对于此类传闻，不能认真。晋惠帝司马衷在晋室皇位极端艰难之际，庸懦无能，必然属实。否则也不会有如此的传闻编排在他头上，并且记入信史了。

晋惠帝后来被东海王司马越用毒饼毒死。

山涛的儿子山简也很有名，山简（253—312年），字季伦。《世说新语》说他"疏通高素"，就是说山简通达且高洁纯真。"绍、简亦见重当世"，是说嵇绍和山简在当时也很受尊重。

永嘉三年，山简任征南将军，都督荆、湘、交、广四州诸军事，出镇襄阳。他悠闲度日，经常外出畅饮，每饮必醉。有人编了一首歌谣：

> 山公时一醉，径造高阳池。
> 日暮倒载归，酩酊无所知。

我们欣赏一下唐朝诗人王维的《汉江临眺》：

> 楚塞三湘接，荆门九派通。
> 江流天地外，山色有无中。
> 郡邑浮前浦，波澜动远空。
> 襄阳好风日，留醉与山翁。

其中的"山翁"就是指山简。

竹林七贤可能给我们留下一个清谈误国的印象，但黄仁宇先生认为他们共同的达观，并不就是消极。就等于我们了解到最后太阳系统的生命必同归于尽，因这了解有时我们产生一种不同的人生观，但并不因此，就要放弃日常生活的兴致与一切志趣和希望。

陈寅恪先生认为：竹林七贤是先有"七贤"而

后有竹林。"竹林"是假托佛教名词，是 Velu 或 Veluvana 的译语，是释迦牟尼的说法处，"历代所译经典皆有记载，而法显（见《佛国记》）、玄奘（见《西域记》）所亲历之地。此因名词之沿袭，而推知事实之依托，亦审查史料真伪之一例也"。

"七贤"所取为《论语》"作者七人"的事数，嵇康等七人，是中国历史上之人物，但"竹林"是中国和印度名词杂糅的结果。东晋之初，僧徒取天竺"竹林"之名，加于"七贤"之上，成为"竹林七贤"。实际上，王戎与嵇康、阮籍饮于黄公酒垆，都是东晋好事者捏造出来的，竹林并无其处。

此是另一说。

竹林七贤之阮籍

阮籍（210—263年），字嗣宗，陈留尉氏（今河南开封）人，三国时期魏国思想家、文学家，"竹林七贤"之一。

阮籍生活的时代，正值我国多姿多彩的三国时代，魏蜀吴三国鼎立，而其生活的魏国，也经历了政权逐步归于司马氏的过程。

239年，魏明帝曹叡病死，司马懿和曹爽受遗诏共为辅政大臣。曹爽大权独揽，司马懿隐忍十年，于249年杀曹爽及曹操的养子何晏等，之后魏国发生"淮南三叛"：251年司马懿击败王凌；255年司马师攻灭毌丘俭；257年诸葛诞起兵，被司马昭所灭。

这一时期，在254年，夏侯玄被杀，同年九月，司马师废魏帝曹芳为齐王，立高贵乡公曹髦为帝；260年，司马昭手下贾充杀高贵乡公曹髦；263年，蜀汉灭亡；265年，司马昭之子司马炎废魏元帝曹兔，以晋代魏。

政权交替的过程，充满了惨烈的政治斗争，曹魏皇帝一死二废，无数人头落地。以阮籍为代表的"竹林七贤"，如果确有竹林悠游之事，经考证或在255年至260年之间，在矛盾激化的时代，他们经历了选择不同政治阵营的过程，或死或降或佯狂。

《世说新语·任诞》记载："阮籍遭母丧，在晋文王坐进酒肉，司隶何曾亦在座，曰：'明公方以孝治天下，而阮籍以重丧显于公坐饮酒食肉，宜流之海外，以正风教。'文王曰：'嗣宗毁顿如此，君不能共忧之，何谓？且有疾而饮酒食肉，固丧礼也。'籍饮啖不辍，神色自若。"

总有这样一些奴才，迫不及待的要在主子面前卖力表现，以显示自己的忠心。

这个满口仁义道德的何曾，每天用餐的费用需一万钱，却仍然抱怨没有值得下筷子的菜，奢侈浪费到何种地步！他的儿子何劭"青出于蓝"，每天的餐费二万钱。何曾死后数年，何家满门被杀光。

阮籍作《大人先生传》，他认为这些名教的卫道士、正人君子们"群虱之处乎裈中，逃乎深缝，匿乎坏絮，自以为吉宅也；行不敢离缝际，动不敢出裈裆，自以为得绳墨也"。

你们犹如藏在裈中的虱子，躲在深缝坏絮中，以为住的是吉宅，走路不敢离开缝际，行动不敢跑出裈，还自以为守规矩。

对于这样的假君子真小人，阮籍总是以白眼对之，"见礼俗之士，以白眼对之"。

自己的母亲去世，难道阮籍一点都不悲伤吗？《世说新语·任诞》记载："阮籍当葬母，蒸一肥豚，饮酒二斗，然后临诀，直言：'穷矣！'都得一号，因吐血，废顿良久。"

"穷"是孝子哭丧说的话，表示穷极无奈，极度悲伤。阮籍在葬母时，只是叫了一声"穷矣"就吐血了，卧床不起很久。

我已经悲痛到极点了……但是，我不用把自己扮作那些道貌岸然的高尚人士，种种作为都是表演给上级和世人看，都是为了自己进一步升迁。

但也要小心，这么乱的世道，这么残忍的掌权者，这么多居心叵测的人……

《礼记·曲礼上》说："居丧之礼……有疾则饮酒食肉，疾止复初。"故司马昭认为饮酒食肉并不违反丧礼。

既然司马昭都知道，恐怕阮籍心里更是清楚这一点吧！

山涛因为与司马懿的妻子有亲戚关系，所以很快进入司马氏阵营，尽忠晋室；王戎出身琅琊王氏，与司马昭手下钟会友善。钟会是著名书法家钟繇之子，与邓艾一起攻灭蜀国，伐蜀前曾问计于王戎，王戎此时无疑已经是司马氏一党。嵇康是曹魏之婿（一说为曹操孙女婿，一说为曾孙女婿），坚决站在曹魏一方，且与钟会不睦。钟会数次在司马昭面前诋毁嵇康，指控其与毌丘俭勾结谋叛，"非汤武而薄周孔"，司马昭遂杀嵇康。

其实，阮籍反对名教，言行比嵇康厉害多了，但是司马昭反而对其多加维护，所以嵇康提倡自然反对名教，并非其致死原因。司马昭杀嵇康，正与司马懿诛何晏、司马师戮夏侯玄一脉相承，嵇康是参与了反对司马氏的活动，并且他是曹魏姻亲，故必死。

向秀"应本郡计入洛。文帝问曰，闻有箕山之志，何以在此？秀曰，以为巢许狷介之士，未达尧心，岂足多慕？帝甚悦"。

钟会拜访嵇康，嵇康打铁，毫不理会钟会，在旁边为嵇康鼓风的就是向秀。嵇康被杀，向秀也面临政治选择。他来到洛阳，见到了司马昭。

古时尧想将帝位传给巢父，巢父不受；想传给许由，许由隐居箕山，尧又想召许由为九州长，许由认为污染了自己的高洁，赶快去洗耳朵。

司马昭问向秀："听说先生有箕山之志，又怎么来到这里呢？"

向秀说："巢父、许由都是狷介之士，不值得羡慕。"言下之意，你的拳头大，杀了嵇康，我认屄，你给个什么官就得了。大家都是出来混的，谁不知道谁啊！

向秀做了散骑常侍，屈服于司马氏淫威之下。

《广陵散》已成绝唱，还活着的人应该如何选择？

《世说新语·任诞》记载：步兵校尉缺，"厨中有贮酒数百斛，阮籍乃求为步兵校尉。"

我不能像嵇康那样坚决维护曹魏皇室，那么投降司马氏吗？司马氏何许人也！

阮籍尝登广武，观楚汉战处，叹曰：时无英雄，使竖子成名。

一般人多以为"竖子"是指汉高祖刘邦，苏东坡则指出，阮籍是叹息当世没有刘邦项羽之类的人物，"竖子"是指司马氏。

我能为"竖子"效力吗？但是，处在夹缝之中，该怎么办呢？听说步兵营的厨房储存了几百斛酒，去做一个步兵校尉吧！酒能浇胸中块垒，让我纵情于酒，忘记政治上选择站队的痛苦折磨，掩盖内心真实的想法，不要卷入政治漩涡。

《世说新语·简傲》："晋文王功德盛大，坐席严敬，拟于王者。唯阮籍在坐，箕踞啸歌，酣放自若。"

箕踞，伸开两腿坐着。古时的人席地而坐，膝盖着地，臀部压在脚跟。箕踞，一般被认为是最失礼的坐相。

司马昭称阮籍："天下之至慎，其为阮嗣宗乎！吾每与之言，言及玄远，而未曾评论时事，臧否人物，真可谓至慎矣。"

我以酣饮放纵我的个性，以慎言防备构陷，让我清醒又糊涂地活着吧。

苏东坡在送友人刘攽的诗《送刘贡父倅海陵》中写道：

> 君不见阮嗣宗，臧否不挂口。
>
> 莫夸舌在牙齿牢，是中惟可饮醇酒……

《晋书·阮籍传》记载："籍本有济世志，属魏晋之际，天下多故，名士少有全者，籍由是不与世事，遂酣饮为常。文帝初欲为武帝求婚于籍，籍醉六十日，不得言而止。钟会数以时事问之，欲因其可否而致之罪，皆以酣醉获免。"

司马昭准备为自己的儿子司马炎向阮籍提亲，阮籍无奈之下，每天都把自己灌醉，一直醉了六十天，派去提亲的人始终无法开口，终于作罢。钟会常常以时事相问阮籍，想以其言语入罪，却始终无隙可乘。

钟会，你诬陷并杀害了嵇康，也想给我来这一手吗？我醉了，醉眼乜斜之际，我看到你气急败坏又无可奈何的嘴脸。喝得太多，我吐了。

但是，总有躲不过去的时候。

《世说新语·文学》："魏朝封晋文王为公，备礼九锡，文王固让不受。公卿将校当诣府敦喻，司空郑冲驰遣信就阮籍求文。籍时在袁孝尼家，宿醉扶起，书札为之，无所点定，乃写付使。时人以为神笔。"

"九锡"，通"九赐"，是古代皇帝赐给有特殊功勋的诸侯、大臣九种礼器，分别是车马、衣服、乐器、朱户、纳陛、虎贲、斧钺、弓矢、秬鬯（音"巨畅"，古时一种香酒）。

给司马昭备礼九锡的同时，还另有专门的礼遇，即"赞拜不名，入朝不趋，剑履上殿"。

赞拜不名是指臣子朝拜皇帝时，礼官不直呼其姓名，只称官职。入朝不趋是古代臣子入朝必须趋步以示恭敬，这些特殊待遇的功臣入朝可以不急步而行。一般大臣上朝，都要去掉佩剑，脱掉鞋子。剑履上殿是指大臣可以佩剑穿鞋上朝。"赞拜不名，入朝不趋，剑履上殿"最早的时候是汉高祖刘邦赐给萧何的一种礼遇，从曹操开始，这成为权臣篡位的前奏。曹操、司马昭、南朝宋齐梁陈的开国皇帝直至隋唐的杨坚和李渊，都曾享受过这十二个字的待遇。

这是必须表态了。司马昭表面"固让不受"，实际上"司马昭之心路人皆知"。阮籍，平日里我对你多方维护，这种关键时刻，只有你，天下士林之望最有资格写这篇劝进的文章。我知道你躲在袁准家，可你又能躲到哪里去呢？

阮籍不愿作劝进表，终不获免。

《晋书·阮籍传》记载："时率意独驾，不由径路，车迹所穷，辄恸哭而返。"

古有杨朱之泣，因为世道崎岖，担心误入歧途。杨朱是有路可选，而我，天下之大，竟无路可走，只有恸哭：杨朱泣歧路，墨子悲染丝。

263年，阮籍卒，没有看见晋迁魏鼎。但是，政治高压之下，阮籍"言必玄远"，开清谈之风。西晋朝廷执政达官，崇尚虚无，挥麈谈玄，不理世务，终于酿成"八王之乱"，随即"五胡乱华"。清谈误国是西晋灭亡的原因之一，司马昭未曾料到吧？

"八王之乱"中，王戎与司马炎的儿子晋惠帝司马衷一起被诸王挟持，后死于郏县。

刘伶嗜酒不羁，曾作《酒德颂》，蔑视礼法，纵酒避世，"刘伶恒纵酒放达，或脱衣裸形在屋中"，种种作为与阮籍相同。据说他以驴车载酒，随从的仆人扛着锄头跟着，他叮嘱仆人："死便埋我。"他大概在300年去世。

阮咸（生卒年不详）是阮籍的侄子，"妙解音律，善弹琵琶"。当时荀勖作新律，与古器谐韵，时人称其精密。只有阮咸认为"其声高，声高则悲，非兴国之音，亡国之音……必古今尺有长短所致也"。阮咸死后，时人掘地得到古铜尺，果然比荀勖的尺长四分。

《世说新语·伤逝》："王濬冲为尚书令，着公服，乘轺车，经黄公酒垆下过。顾谓后车客：'吾昔与嵇叔夜、阮嗣宗共酣饮于此垆。竹林之游，亦预其末。自嵇生夭、阮公亡以来，便为时所羁绁。今日视此虽近，邈若山河。'"

嵇康被杀，阮籍亡故，王戎我为时势所缚。这家酒垆虽然近在眼前，但追怀往事，像隔着山河一

·60·

样遥远。

岂止邈若山河，分明阴阳相隔。

其实作出不同选择那天，大家已成陌路。

"闻鸡起舞"的主角后来怎么样了？

我在很小的时候，就听说过"闻鸡起舞"的励志故事，故事的主角分别是刘琨与祖逖。

刘琨（271—318年），字越石，中山魏昌（今河北无极）人，与刘备同宗，都是西汉中山靖王刘胜的后代。爱国将领，著名诗人。年轻时曾与兄长刘舆（字庆孙）并称"洛中奕奕，庆孙越石"，是著名的政治文学团体"金谷二十四友"其中一员。这个团体以石崇（与王恺斗富的那个）为首，包括陆机（三国时大破刘备的陆逊之孙）、左思（以《三都赋》导致"洛阳纸贵"）等著名文人，他们在石崇位于金谷涧的一处豪华别墅中聚会，吟诗作赋。东晋的王羲之，就是模仿"金谷集会"组织了"兰亭聚会"。

祖逖（266—321年），字士稚，范阳遒县（今河北涞水）人，爱国将领。祖逖为人好侠尚义，慷慨有节，颇受宗族看重。"往来京师，见者谓逖有赞世才具"，即具有辅佐君王治理天下的才能。

刘琨青年时与好友祖逖一同担任司州主簿，两人"情好绸缪，共被同寝"，谈论时局时，两人都慷慨激昂，一心报效国家，关系十分融洽。刘琨曾说："吾枕戈待旦，志枭逆虏，常恐祖生先吾着鞭。"就是怕落到祖逖后面了。

一天半夜，祖逖被野外传来的鸡鸣声吵醒了，他踢醒刘琨，说："此非恶声也。"于是，两个人披衣而起，一起到户外，拔剑起舞，于是流传下来"闻鸡起舞"的佳话，后人多有因"闻鸡起舞"的典故而及时奋发者。

晋怀帝永嘉元年（307 年），天下大乱。刘琨担任并州刺史，率领自己的部曲一千余人到达历经战乱的晋阳（今山西太原），对抗匈奴的刘渊（刘渊建立汉国，是"五胡十六国"时期第一个少数民族政权，后改为赵，史称"汉赵"，又称"前赵"），晋阳当时几乎是一座空城。

刘琨在强敌林立中，安抚流民，深得人心。很快，晋阳就成为"五胡乱华"时，西晋在中原少数几个抵抗胡羯的势力之一。

刘琨善吹胡笳。据说曾有数万匈奴兵围困晋阳，刘琨内无粮草，外无救兵，"窘迫无计"。刘琨乘月登上城楼"清啸"，"贼闻之，皆凄然长叹"。夜半奏胡笳，哀伤凄婉，匈奴军心骚动。拂晓"复吹之，贼并弃围而走"。这就是"一曲胡笳救孤城"的故事。

可惜的是，刘琨"善于怀抚，而短于控御，一日之中，虽归者数千，去者亦以相继"。他生活豪华奢侈，喜爱美女和音乐，加之无识人之明，所以败于刘渊之子刘聪，父母也遇害。

晋愍帝建兴三年（315年），刘琨为西晋司空，都督冀、幽、并三州军事。此时，在幽州据守的是与刘琨有矛盾的王浚。原来属于刘渊部下的石勒（后来成为后赵的开国皇帝），在晋阳东南的襄国（今河北邢台）拥兵自重，势力强盛。石勒给刘琨去信，假意投降晋朝，表示愿为晋朝征讨王浚。刘琨轻信，在石勒出兵消灭王浚时作壁上观。

虽然王浚曾有不臣之心，但刘琨既以报国为志，国家利益必应在私人恩怨之上，且当时晋怀帝被俘，天下大乱，每一个忠臣义士，都身怀亡国之恨。另外从战略的角度，身处群狼环伺的险恶境地，他与王浚互相呼应，尚能勉强支持。王浚被灭，刘琨势不能独存。

建兴四年（316年），石勒出兵晋阳，刘琨不听劝阻，出城中了埋伏而大败，只身投奔鲜卑首领段匹磾，并与段匹磾结为兄弟，誓言共同辅佐晋室。

因为晋室怀帝、愍帝相继被俘，四海无君。刘琨派温峤携带奏章和歃血结盟的誓盟，前往建康，向司马睿劝进，就是拥护司马睿当皇帝。

《晋书·温峤传》中说:刘琨"诚系王室"，谓峤曰:"班彪识刘氏之复兴，马援知汉光之可辅。今晋祚虽衰，天命未改。吾欲立功河朔，使卿延誉江南，子其行乎？"温曰:"峤虽无管、张之才，而明公有桓、文之志，欲建匡合之功，岂敢辞命！"

刘琨主要的意思是：晋室的政权虽然衰落，可上天的恩宠还没有改变。我在河朔建立功业，而使你在江南传播美好名声。温峤则将刘琨比作春秋五霸中的齐桓公、晋文公。

段匹磾的弟弟段末波暗中与石勒勾结，抓住了刘琨的儿子，并逼迫他写信约刘琨为政变内应。事情泄露，刘琨被段匹磾派人用绳索缢死，年四十八岁。

刘琨的死，标志着北方最后一个忠于晋室的势力陷落，神州陆沉。

知道祖逖"击楫中流"事迹的人较多，相比之下刘琨有些默默无闻。即使刘琨有很多缺点，但在西晋灭亡后，他一片丹心，矢志报国，孤军奋战于北方，最终虽壮志未酬身先死，千载之下仍令人肃然起敬！

刘琨被段匹䃅所拘后，有诗《重赠卢谌》，抒发自己为国报效的心愿和屡屡受挫的痛苦，诗中有云：

......

吾衰久矣夫，何其不梦周。

谁云圣达节，知命故不忧。

宣尼悲获麟，西狩涕孔丘。

功业未及建，夕阳忽西流。

时哉不我与，去矣若云浮。

朱实陨劲风，繁英落素秋。

狭路倾华盖，骇驷催双辀。

何意百炼刚，化为绕指柔。

悲壮苍凉！读罢生出"使行人到此,忠愤气填膺。有泪如倾"之感,英雄末路、志士受困的悲愤之情,跃然纸上!

晋室因为段匹磾势力强大,仍盼望他平定河朔,所以不给刘琨举行丧葬祭悼仪式。温峤上书力争:"琨尽忠帝室,家破身亡,宜在褒恤。"卢谌等也上书为刘琨申冤,过了几年,晋室才追封刘琨为太尉。

"闻鸡起舞"的另一主角祖逖,大乱之时,"率亲党数百家避地淮泗"。汉末以来避难的人无论是集体的或是个别的,大都以"家"为单位,即家族。祖逖也是这样。他们行达泗口,当时还是琅琊王的司马睿"逆用"他为徐州刺史。后来祖逖率部众一度过江,居于京口,招募壮士,积极准备北伐。

但立足未久,建兴元年(313年),祖逖被任命为奋威将军,豫州刺史。实际司马睿无心北伐,只给祖逖一千人的粮食和三千匹布作为北伐物资,不发铠甲和武器。祖逖带着随他南下的部曲北渡长江,行至中流,祖逖击楫誓曰:"祖逖不能清中原而复济者,有如大江。"辞色壮烈,众皆慨叹。

祖逖抵达淮阴后,在艰苦的环境下,冶炼兵器,招募流民，队伍从无到有，不断壮大。一年后，攻占谯城，且战且耕，逐步扩大战果，屡屡收复黄河以南失地，功勋卓著。

陈川是流民集团"乞活"的首领，在与祖逖联兵攻打谯城时，他的部将李头立功，祖逖待之甚厚。正好祖逖得到一匹好马，李头很想要又不敢说。祖逖知道后，就将马送给李头。李头感激："若得此人为主，吾死无恨。"陈川闻后大怒，杀李头，投降石勒。

祖逖出兵攻击石勒，屡战屡胜。

当时北方人民为了自保，都修建坞壁（陈寅恪先生认为，陶渊明的《桃花源记》中的世外桃源实际就是坞壁），一般都是纠结宗族乡党屯聚堡坞，据险自守，以避戎狄之乱。这些坞壁夹在南北两大阵营之间，不免首鼠两端。祖逖假装时时攻击这些坞壁，做出一副这些坞壁尚未归附的姿态，坞主皆感恩。因此，后赵有什么举动，他们及时通知祖逖。"由是多所克获，自河以南，多叛后赵归于晋。"

纵横天下的石勒为了和祖逖修好，"乃下幽州为逖修祖、父墓"，"使成皋县修逖母墓"，并"置守吏"。

石勒又与祖逖书，求通互市。"逖不报书，而听互市，收利十倍，于是公私丰赡，士马日滋。"自是兵强马壮。

东晋大将军王敦不可一世，有谋反之心，但他最忌惮的人就是祖逖，"畏逖不敢发"。《世说新语》中说："王大将军始欲下都，处分树置。先遣参军告朝廷，讽旨时贤。祖车骑尚未镇寿春，瞋目厉声语使人曰：'卿语阿黑，何敢不逊！催摄面去，须臾不尔，我将三千兵槊脚令上！'王闻之而止。"

王敦起初想领兵沿江东下到京都建康，对朝政之事作安排处置，便先派参军去报告朝廷，并向当时的名流暗示自己的意图。祖逖当时还没有镇守寿春，他瞪大眼睛声色俱厉地对使者说："你去告诉阿黑（王敦小名），他怎么敢如此傲慢无礼！叫他速速回去，如果稍有耽搁不照办，我就要率领三千兵马用槊戳他的脚，赶他回去。"王敦听说后，就打消了东下建康的念头。

祖逖有胡奴王安，待之甚厚，及在雍秋，告之曰："石勒是汝种类（石勒是羯族），吾亦不在尔一人。"厚资送之。这是祖逖依据家庭伦理推己及人。王安因为自己的勇武和才干，在石勒的后赵政权成为将军。

正当祖逖准备渡河北进、完成统一大业时，司马睿深恐祖逖不可控制，就派心腹戴渊为征西将军，牵制祖逖。

祖逖知道北伐无望，最终赍志以没，年五十六岁。"豫州士女如丧父母，谯、梁间皆为立祠。"

西晋灭亡，原来在北方的流民南来，情况各异。有的是分散行动，有的是由大族率领；有的零星过长江，有的大股滞留江北。但他们在东晋门阀政治中无所依傍，一般都是力图站稳脚跟，再者志在立功，以求发展。他们多数曾在北方有抗击胡羯的历史，战斗力极强，同仇敌忾，有抗胡的热情。这只武装力量长期跟随，有私兵的性质。东晋政权对他们既不得不重视，又不敢大胆放心使用，一贯是防制的。即使祖逖矢志北伐，义无反顾，对东晋无丝毫不臣之迹，也是不见容于晋室。

祖逖死后，部众由弟弟祖约率领。祖约"无绥御之才，不为士卒所附"，所以在淮南无法立足，返回江南。祖逖的功业心血，尽成流水。

后来祖约参与苏峻之乱，失败后逃往后赵，投降石勒，为石勒所诛，宗族被灭。

原是祖逖胡奴的王安说："岂可使祖士稚（祖逖）无后乎？"就前往观刑。祖逖儿子祖道重，年方十岁，王安窃祖道重以归，"匿之，变服为沙门"，后遣归江南。

王敦听到祖逖死讯，"益无所惮"，后举兵攻入建康，大杀群臣，司马睿大为恐惧，请求回琅琊"以避贤路"。不知那时司马睿是否会想起祖逖？

李白《南奔书怀》诗云：

　　　　过江誓流水，志在清中原。
　　　　……

文天祥《正气歌》赞道：

　　　　或为渡江楫，慷慨吞胡羯。
　　　　……

"王谢风流"之"王"

"山阴道上桂花初，王谢风流满晋书"，"王与马共天下"，这里说的"王"，是指两个王家。

一支是与代表皇权的司马家一同开创东晋政治局面的琅琊王家，代表人物是王导。王导艰苦经营，不仅支持司马睿，而且帮助他获得了江左吴姓士族的拥护，奠定了东晋皇权与琅琊王家在南方的政治根基，开启了东晋百年门阀政治的格局。琅琊王氏曾被司马睿称为"第一望族"，势力极盛时，朝中官员四分之三以上是王家的或与王家有关的人。

另一支是太原王氏，代表人物是王承。"渡江名臣王导、卫玠、周颧、庾亮之徒皆出其下，为中兴第一。"

这里与大家分享一些"王与马共天下"的王家代表人物的故事，基本出自《世说新语》，真实与否，娱乐而已。

王　导

新亭对泣

周侯中坐而叹曰："风景不殊，举目有山河之异！"在座众人皆相视流泪。唯王丞相愀然变色曰："当共勠力王室，克复神州，何至作楚囚相对泣邪！"这是说南渡之后，名士在建康西南的新亭聚会。周颤叹息："建康的景色与洛阳一样美丽，只是故国山河不同了！"（南京地形与洛阳相似，故李白《金陵》诗云："苑方秦地少，山似洛阳多。"许浑《金陵怀古》诗云："英雄一去豪华尽，惟有青山似洛中。"）参加聚会的人都唏嘘不已。这时，王导突然严肃地说："正因为山河不同，大家才应该一起努力收复中原，怎么能像楚囚一样哭泣？"实际上王导虽被称为"江左管夷吾"，北伐之事只是说说而已。北方大乱，东晋根本无力恢复中原。王导的目标就是偏安江南，保住半壁江山即可，其后虽然王导几次倡言北伐，都是出于政治需要。

"吾虽不杀伯仁，伯仁由我而死"

伯仁就是上文中叹息的周颤。王导的族兄王敦起兵作乱，王导及家族受牵连（实际王导与王敦勾结），为了请罪，一大早王导带着王氏子弟跪在宫殿门前等候皇帝发落。这时周颉进宫，王导希望周颉能替他说些好话："伯仁，以百口累卿！"周颉没有表态。但是周颉见到皇帝，想方设法为王导辩解，力证其清白，"言导忠诚，申救甚至"。皇帝"纳其言"。周颉高兴饮酒，"致醉而出"。到了家，又连忙写了一篇奏折，词语恳切，替王导求情。后来王敦总揽朝政，询问王导如何处置周颉，王导始终沉默，周颉被杀。被杀前，周颉骂不绝口，士卒用戟乱戳其口，血流满地。

王导在整理中书省文件时，才发现周颉极力为他辩白的奏章。想到自己不负责任的沉默，负罪感涌上心头："吾虽不杀伯仁，伯仁由我而死。幽冥之中，负此良友！"其实周颉自己也有责任。王导求他搭救王家一百多口性命时，他理也不理昂然直入；喝了酒从宫中出来，王导又求他，他说："今年杀叛军贼子，换个斗大金印系在肘上。"王导怎能不对他恨之入骨？做好事该留名啊！

王羲之

这个不用多说了，书圣、东床坦腹，都说的是他。先说一件他和谢安的故事。说起晋，大家都会有一个"清谈误国"的印象。但谢安有句名言："秦任商鞅，二世而亡，岂清言致患邪？"谢安正是在回答王羲之的问话。王羲之说："夏禹勤王，手足胼胝；文王旰食，日不暇给。今四郊多垒，宜思自效。而虚谈废务，浮文妨要，恐非当今所宜。"意思是整个国家都处于战乱之中，如果一味空谈而荒废政务，崇尚浮文而妨碍国事，恐怕不是现在该做的事。所以可以看出王羲之并不是纯粹的清谈爱好者。

第二件：王羲之还不满十岁时，大将军王敦非常喜爱他，经常把他留在自己的床帐中睡觉。一次王敦先起床出来，王羲之还没有起床。不一会儿，钱凤进来，王敦屏退左右侍从，与钱凤议论事情，完全忘记了王羲之还在床帐中，就说起了叛逆造反的阴谋。王羲之醒来，听到王敦和钱凤的谈话，知道自己没有活命的可能了，于是就呕吐出污物把头脸被褥都弄脏，假装睡得很熟。王敦与钱凤说到一半时，忽然想起王羲之还未起床，两人都大惊道："不得不把他除掉！"等打开帐子，看见呕吐的污秽一片狼藉，于是相信王羲之确实在熟睡。王羲之终于保住了性命，当时的人都称赞王羲之有急智。（书圣不白给啊！但是，在《资治通鉴》中，故事的主角是王允之而非王羲之。）

王徽之，王羲之的第五子

雪夜访戴

王徽之居住在山阴，一次夜下大雪，他从睡眠中醒来，打开窗户，命仆人斟上酒。四处望去，一片洁白银亮，于是起身，慢步徘徊，吟诵着左思的《招隐》诗，忽然间想到了戴逵。戴逵即戴安道，能琴善画的文艺奇才。他为瓦官寺所塑的《五世佛》，与顾恺之的《维摩诘像》及狮子国（今斯里兰卡）送来的玉佛，并称"瓦官寺三绝"。戴逵善于抚琴，性情高迈。武陵王司马晞曾派人请戴逵为他弹奏，戴逵不堪其扰，将琴摔得粉碎："戴安道不为王门伶人！"可见他是一个有骨气的人。当时戴逵远在曹娥江上游的郯县，王徽之即刻连夜乘小船前往。经过一夜才到，到了戴逵家门前却又转身返回。有人问他为何这样，王曰："吾本乘兴而行，兴尽而返，何必见戴？"试想：雪天来回奔波，他真的不冷啊？也许，内心深切的孤独更冷，有些心思连最好的朋友也不能诉说。

《梅花三弄》

王徽之应召赴东晋的都城建康，停船时，恰巧桓伊在岸上过，双方并不相识。王徽之得知对方是桓伊，便令朋友对桓伊说："闻君善吹笛，试为我一奏。"桓伊此时已是高官贵胄，问："船上是哪位？"答："会稽王徽之。"桓伊不答，朋友以为惹怒了桓伊，就返回船上，却见王徽之已登船头。朋友正疑惑间，已传来了桓伊原创的《梅花三弄》的笛声。王徽之临风而立，闭目欣赏。吹奏完毕，桓伊立即上车走了，宾主双方没有交谈一句话。晋人之旷达不拘礼节、磊落不着形迹，由此事可见一斑。

"不觉余事，唯忆与郗家离婚"

王献之是王羲之第七子，其书法与王羲之并称

"二王"，甚至在很长一段时间世人都重王献之的书法，直到梁武帝萧衍大力推崇王羲之的书法，世人才重"大王"，至唐太宗李世民为高峰。高平郗氏的代表人物郗鉴与琅琊王家关系紧密，他几次在关键时刻支持王导，帮助琅琊王家度过了危机，故两家交好。王羲之与王献之父子均娶得郗氏之女，王献之的妻子郗道茂也是他的表姐，两人感情甚笃。后来王献之休妻娶简文帝女余姚公主，郗道茂不久即郁郁而终。王羲之家族世事天师道，王献之病笃时还按照道教礼法上章首过（忏悔），称："不觉余事，唯忆与郗家离婚。"

最近看到有文章称王献之为了逃婚，将自己的双脚烧伤云云，如非虚言，必是惺惺作态。不想娶公主，严辞拒绝就是，不需烫脚。以琅琊王家几乎可以与皇权平行的实力，皇家岂敢勉强？东汉时，光武帝刘秀的姐姐湖阳公主看上了大臣宋弘，光武帝亲自做媒，并诱之以"贵易交，富易妻"之言。宋弘答："臣闻贫贱之交不可忘，糟糠之妻不下堂。"刘秀看到宋弘的严肃态度，只好回头向躲在屏风后的姐姐说："此事不成了。"

王献之弃旧图新，攀援帝室，道义有亏，临死难逃内疚。

江东独步

太原王氏的一支，王坦之在弱冠之时与郗超并称，时人谓之："盛德绝伦郗嘉宾，江东独步王文度。"晋简文帝临终前下诏以大司马桓温"依周公居摄故事"，言"少子可辅者辅之，如不可，君自取之"。王坦之坚决反对，说："天下，宣、元之天下，陛下何得专之？"就是说晋室天下，是晋宣帝（司马懿）和晋元帝（司马睿）建立的，又怎由得陛下你独断独行？王坦之在简文帝面前将诏书撕毁，简文帝遂将诏书修改为以桓温仿效诸葛亮和王导辅政，没有满足桓温篡位的野心。虽然王坦之见桓温时一度害怕得将手中的笏板都拿反了，但最后他还是与谢安联合牵制桓温，保住了晋室社稷。

齄（zhā）王

　　王坦之的曾孙王慧龙，东晋末年避刘裕而出奔后秦，又至北魏。王慧龙北奔，身无信物，来历难明，只能自说自话，"自言如此也"。北魏权臣崔浩有经天纬地之才，是个极厉害的人物，后来却死得很惨。他的弟弟以其女嫁与王慧龙为妻，既婚，崔浩见王慧龙，一则曰："信王家儿也。"再则曰："真贵种矣。"原来，王氏世代齄鼻，江东谓之"齄王"。"齄王"之称，北方悉闻。崔浩见王慧龙鼻大，遂以定其家世为太原王氏无疑。所谓"齄"，就是大的酒糟鼻。

"王谢风流"之"谢"

晋朝永嘉之乱后，衣冠南渡。其实，南来的侨姓士族与北方清河崔氏、范阳卢氏等著名世家大族相比根底浅多了，但因为与东晋司马睿政权关系密切，得以成为江东士族最高层而名重一时。相比较而言，本就在江左的士族，如"顾陆朱张"，虽然在司马睿南渡后成为其积极拉拢的对象，但始终没有进入政权最高层。

陈郡谢氏以前并无名望，所以谢安的父亲谢裒，替子谢石向琅琊诸葛恢求婚被拒；谢安的兄弟谢万又曾被阮籍家族的阮裕斥责"新出门户，笃而无礼"。所以直到东晋中期，谢氏在旧族眼中还没有特别地位，不受尊敬。诸葛恢死后，谢氏家族地位渐重，谢石始得娶诸葛氏小女。

谢氏家族地位迅速上升，经历了几个主要的阶段和人物：

1. 谢鲲，字幼舆，谢安的伯父。两晋之际，也就是轻视儒教，上层的政治人物整日挥麈谈玄，满口清谈，鄙视礼教。谢鲲由儒入玄，取得了进入名士行列的必要条件。谢安曾说谢鲲："若遇七贤（竹林七贤），必自把臂入林。"谢鲲在谢氏家族中属于开拓型的人物，曾列"江左八达"之列，官至豫章太守，故又称"谢豫章"。

2. 谢尚，字仁祖，谢鲲之子、谢安从兄。穆帝永和以后，谢尚兄弟久在豫州，在桓温与朝廷抗争的过程中培植了自己的力量，取得举足轻重之势，使谢氏成为其时几个最有实力的家族之一。

谢尚自幼聪颖，精通音律，善舞蹈，工书法，尚清谈。他任豫州刺史十二年，使陈郡谢氏得以列为方镇，在谢安东山再起之前，对于陈郡谢氏贡献最大的就是谢尚。

谢尚八岁时，谢鲲曾带他为宾客饯行，有客人说："年少，一坐之颜回。"谢尚说："坐无尼父，焉别颜回？"就是说："座中没有仲尼，怎能辨别出颜回！"一座皆惊。

谢尚世袭父亲爵位咸亭侯。他刚到司徒府通报名帖时，王导因府上正有盛会，便对他说："听说你能跳《鸲鹆舞》，满座宾客渴望一睹风采，不知你可否满足众人意愿？"谢尚说："好。"便穿好衣服戴上头巾翩翩起舞。王导让座中宾客拍掌击节，谢尚在广众之中俯仰摇动，旁若无人，史书上说"其率诣如此"，就是说他率真任意。

当时天下大乱，传国玉玺先后失陷于前赵和后赵，司马睿及之后东晋数帝皆无玉玺，北方人称之为"白板天子"。直到东晋简文帝时，谢尚在晋第二次北伐中，获得秦汉玉玺，前朝象征皇权的传国玉玺才被东晋获得。不久，谢尚晋号镇西将军，镇守寿春。他在任内搜集查访民间乐人，并在牛渚采石制为石磬，为朝廷准备太乐。江南一带有钟石的音乐，就是从谢尚开始的。上述两事，应该是谢尚为东晋皇权做出的最大贡献。

有人拿别人来和谢尚并列而不那样看重他。可与曹操相比的权臣桓温说："诸君莫轻道，仁祖企脚北窗下弹琵琶，故自有天际真人想。"意思是说：诸位不要轻易评论，仁祖跷起脚在北窗下弹琵琶的时候，确是有飘飘欲仙的情意。

谢尚镇守牛渚时，秋夜泛舟赏月，恰逢袁宏在运租船中诵己作《咏史》诗，音辞都很好，遂大加赞赏，邀其前来，谈到天明。袁宏从此名声大振，后官至东阳太守。唐代诗人李白在郁郁不得志时，曾作《夜泊牛渚怀古》，其中有句："登舟望秋月，空忆谢将军。"

3.谢安，字安石。谢安凭借家族势力和拒抗桓温的机缘，得以任丞相、征讨大将军；又以淝水之战的卓越功勋，使谢氏家族地位于孝武帝太元间进入士族的最高层。此后谢氏权势受制于会稽王司马道子，谢安、谢玄被解兵权，旋即相继去世，但其家族地位却稳定在一个极限水平上，一直延伸至南朝之末为止。

谢安年仅四岁时，便被桓彝称许，认为他"风神秀彻"。谢安十三岁时，声名就已经传到辽东，传说连当时才七岁的慕容垂（不败战神，后来做了后燕皇帝），都特地送来一对白狼眊作为礼物。白狼眊就是白狼的眼珠，以蜡封存，据说有辟邪之用。

谢安少以清谈知名，初次做官仅月余便辞职，之后隐居在绍兴东山，朝廷多次征召，但他拒不出山，只是与王羲之等名士来往，游山玩水。他是兰亭集会的参与者之一，曲水流觞，饮酒赋诗，王羲之著名的《兰亭序》就是在此次聚会后醉书。

实际上，谢安在屡辞征辟的同时，已在观察政局，随时准备出山。所谓高卧东山，只不过是一种高自标置的姿态而已。谢尚等在豫州之任，谢氏门户有靠，无陨越之虞，谢安自然可以矜持不出以图名誉并积累政治声望。

但在他四十多岁的时候，兄长谢尚和谢奕先后病死，弟弟谢万兵败被废黜，使谢氏家族的权势受到了很大威胁，终于迫使谢安步入仕途，担任征西大将军桓温帐下的司马。他初次拜会桓温后，桓温极为看重，在谢安离开后，问周围的人："颇尝见我有如此客不？"桓温病，谢安前往探视，从桓温府东门入，桓温叹："吾门中久不见如此人！"欣赏之情，溢于言表。

虽然桓温如此赏识谢安，但在桓温威胁到东晋皇权时，谢安却毫不犹豫，与太原王氏的王坦之联手阻止了桓温篡位的图谋。在《"王谢风流"之"王"》一文中，我曾提及此事。桓温率军来到建康城外，准备杀大臣以立威。他在新亭预先埋伏了兵士，下令召见谢安和王坦之。

当时，京城内人心惶惶，王坦之非常害怕，问谢安怎么办。谢安神情坦然地说："晋祚存亡，在此一行。"王坦之硬着头皮与谢安一起出城来到桓温营帐，紧张得汗流浃背，把衣衫都沾湿了，手中的笏板也拿颠倒了。谢安却从容不迫地就座，然后神色自若地对桓温说："安闻诸侯有道，守在四邻，明公何须壁后置人邪？"意思是说：我听说有道的诸侯设守在四方，明公何必在幕后埋伏士卒呢？桓温只得尴尬地下令撤除了埋伏。

随后，谢安举目山河，作洛生咏："浩浩洪流，带我邦畿……"这是嵇康的《赠秀才入军》诗中的句子。所谓洛生咏，指的是像洛阳的书生那样吟诵诗篇。洛阳书生以鼻音重浊著称，谢安的鼻子有点问题，刚好就像洛阳书生的腔调了。时人遂以此次表现将谢安与王坦之分出高下。

桓温死后，谢安迅速安定了东晋内部，因为，此时北方前秦皇帝苻坚率领的八十七万大军，已经准备投鞭断流，"犹疾风之扫秋叶"，灭亡晋室混一六合。

谢安受任都督十五州诸军事，儿子谢琰、弟弟谢石都是他手下重要的将领，尤其是侄子谢玄率领的京口"北府兵"，号为劲旅。桓温曾说：京口"酒可饮、兵可用"，后来灭亡晋室、成立刘宋的刘裕就出身于北府兵。苻坚之兵号称百万，谢安只有八万人抵御。但是他"镇之以静，御以长算"，又"不存小察，弘以大纲"。部署完毕，即不再多言，并且召集亲朋，下围棋游山水来表示"夷然无惧色"，以安众心。

晋军在前线大胜，前线战报刚传到总司令部，谢安正在与友人下围棋，他看后将文书置在几案上，对弈如故。客人问起，他只是淡淡的一句："小儿辈遂已破贼！"但胸中喜气到底无法抑制，下棋完毕，他步入户内，由于内心的激动，竟将木屐之底，在门槛上踏损，留下"不觉屐齿之折"的典故。

谢安是李白在政治上最为钦佩的人，"但用东山谢安石，为君谈笑静胡沙"。

淝水之战后，东晋朝廷封谢安为庐陵郡公，谢安的弟弟谢石为南康公，侄子谢玄为康乐公，儿子谢琰为望蔡公。谢氏一门四公，臻于极盛，成为烜赫一时的世家大族。《世说新语》中说，韩康伯见诸谢皆富贵，轰隐交路，叹曰："此复何异王莽时！"

另外，曾经送过谢安一对白狼眊的慕容垂，因不容于前燕，投降了前秦的苻坚。淝水之战时，损失的基本上是前秦自己的氐族部队，慕容垂因为未在淮淝主战场，他的鲜卑族部队实力完好，奠定了建立后燕的基础。

谢琰后来以徐州刺史的身份加任督吴兴、义兴二郡诸军事，镇压著名的"孙恩、卢循之乱"时，屡战屡胜，遂有轻敌之心，又不知爱护部下士卒，后来战败，谢琰的部下张猛从后砍谢琰的马，谢琰堕地被杀，二子谢肇和谢峻亦同时遇害。数年后，刘裕大败孙恩，活擒张猛，并将其送至谢琰的儿子谢混手中。谢混问罪用刑，"生啖其肝"，总算大仇得报。

但谢混竭力匡卫晋室，且与刘毅私交甚好，是刘裕的强劲政敌，刘裕终于在登基前为铲除异己将谢混赐死狱中。刘裕受禅时，谢晦告诉刘裕："陛下应天受命，登坛日恨不得谢益寿（谢混）奉玺绂。"刘裕说："吾甚恨之，使后生不得见其风流！"刘裕出身寒门，虽然因为政治上的原因不得不处死"风华江左第一"的谢混，但丝毫不掩饰自己对于王谢等高门大姓中，芝兰玉树一般的风流人物的仰慕。

谢灵运是谢玄之孙，因为小时候寄养于外，故小名"客"，人称谢客。又以袭封谢玄的康乐公，称谢康乐。陶弘景在名篇《答谢中书书》中说："自康乐以来，未复有能与其奇者。"所言"康乐"即指谢灵运。他是我国著名山水诗人，人称"大谢"，有"池塘生春草，园柳变鸣禽"的名句。

谢灵运因为父祖之资，家产甚厚，所以"凿山浚湖，功役无已"。他好营园林，游山水，制作出一种"上山则去前齿，下山去其后齿"的木屐，即李白在《梦游天姥吟留别》中提到的"脚著谢公屐，身登青云梯"。对于自己的才华，谢灵运曾说过："天下才有一石，子建（曹植）独占八斗，吾占一斗，天下才共分一斗。""才高八斗"即来源于此。

谢灵运因不被重用愤愤不平，竟以"叛逆"罪名被宋文帝所诛，死时仅四十九岁。据传谢灵运的胡须特别漂亮，当时南海祇洹寺正在塑佛教人物维摩诘居士的像。谢灵运临死时，将胡须剪下，赠与寺院，粘在维摩诘的塑像上。"寺之人宝惜，初无亏损。"

《太平广记》记载说，唐中宗李显在位时，安乐公主宫中斗草，也就是五月初五搜集比斗稀罕物件。安乐公主一向争强好胜，她忽然想到维摩诘像上谢灵运的胡须，立即派人去剪了一绺胡须来，又担心斗草的对手们也想到这件稀物，干脆让人把剩下的胡须全部毁掉。

与谢灵运并称"大小谢"的"小谢"，是指南北朝时南齐的谢朓，谢朓的高祖谢据是谢安的兄长。

谢朓有"余霞散成绮，澄江静如练"、"大江流日夜，客心悲未央"、"天际识归舟，云中辨江树"的名句，是李白最敬仰和赞赏的古代诗人。梁武帝萧衍曾说："不读谢诗三日，觉口臭。"

谢朓曾任宣城太守，李白"一生低首谢宣城"，其"蓬莱文章建安骨，中间小谢又清发"即出自《宣州谢朓楼饯别校书叔云》，"解道'澄江静如练'，令人长忆谢玄晖"出自《金陵城西楼月下吟》。"相看两不厌，只有敬亭山"的敬亭山，就在谢朓楼北面；"谢亭离别处，风景每生愁"的谢公亭，是谢朓所建，就在敬亭山。

谢朓岳父王敬则任会稽太守，因为他是齐武帝的心腹猛将，所以受到猜忌。王敬则深感大祸临头，他的第五个儿子王幼隆派人与谢朓密谈，谢朓径自告发。王敬则被族灭后，谢朓因功升任尚书吏部郎。他的妻子也就是王敬则的女儿，常在怀中带刀，想伺机杀谢朓报仇。谢朓既愧又怕，不敢和她见面。

后来谢朓卷入政治斗争，被诬死于狱中。

只差一步就可以做皇帝，他却放弃了

桓温（312—373 年），谯国龙亢（今安徽怀远龙亢镇）人，他是东晋时期的重要人物，历史上常与曹操并称。因为他们都是安徽老乡，曹操是沛国谯县（今安徽亳州）人；都曾身系国家安危；都是声威赫赫的权臣；都有机会称帝而未行；都为自己的儿子称帝建立了基础，只不过一成一败。

另外还有一点，就是他们的出身。曹操的父亲曹嵩是宦官曹腾的养子，所以官渡之战时，袁绍的手下陈琳在檄文中骂曹操"赘阉遗丑"，与世家大族的袁绍不同，曹操无疑是寒族。

至于桓温的出身，据田余庆先生考证，桓温的先世是曹魏时期曹爽的谋士桓范。嘉平之变，隐忍十年的司马懿，趁大将军曹爽出洛阳祭陵，关闭城门拒纳曹爽，桓范不应司马懿之命，投奔曹爽为其策划。

司马懿一度颇为担心，对蒋济说："智囊往矣！"

蒋济则认为曹爽必不能用，后来事态发展不出蒋济所料。

曹爽与司马懿争权失败，司马懿处置曹爽一党，手段极为残忍，曹爽及其党羽均被夷三族。侥幸漏过法网的子弟能够保全自身已是幸事，当然更不敢显露与桓范的亲属关系。所以桓氏后人修家谱不敢向上追溯，否则必触犯司马氏朝廷及桓氏家族双方的利益。

因此，桓温出身不高，要进入东晋上层十分困难。

桓温的父亲桓彝渡江后结交名士，列"江左八达"。在晋明帝时，大将军王敦叛乱，桓彝参与明帝密谋，招流民帅平定王敦之乱，以此进入东晋政治上层，但其门户地位还未根本改变。

桓彝在东晋平定苏峻之乱中被叛军杀害，泾源县县令江播参与谋划，十五岁的桓温立志报仇。三年后，江播死，其三子守丧期间仍然备好兵器，防备桓温报仇。桓温假装吊客，出其不意，杀江播三子。

曹操年轻时"任侠放荡"，桓温也类似。他曾因赌博输了数百斛米，求救于袁耽（应属于赌神一类人物），袁耽正在守孝，他易服掷帽，呼卢唤雉，旁若无人，转眼间压倒对手，转输为赢。

因父亲余荫，桓温得以进入东晋上层，娶南康长公主，并结交名流，与刘惔、殷浩齐名。《晋书·桓温传》中说他"姿貌甚伟，面有七星"，孙绰曾说桓温"高迈爽出"，就是杰出豪爽，超群出众。

桓温于咸康七年（341年）任琅琊内史，后出镇荆州，有了相当的军事实力。桓温后来曾经与刘惔谈到关于晋简文帝司马昱的清谈，刘惔认为司马昱不过是第二流的人物，至于第一流的人物，正是他和桓温这些人。实际上，在当时所谓的高门大姓眼中，虽然桓温"由儒入玄"，似乎已是一流士族的举止，但其家世单薄，其家族仍被轻视，在"废事功、轻武力"的他们眼中，桓温不过是一介武夫。

《太平御览》卷三五四引《语林》曰："桓宣武与殷、刘谈，不如甚。唤左右取黄皮裤褶，上马持矟（通"槊"）数回，或向殷，或拟刘，意气始得雄。"他作名士姿态却谈玄不胜，上马持矟，耀武扬威，用矟威胁刘惔、殷浩，才出了一口恶气。但这完全是武夫做派，只怕更为名士轻视。

《世说新语·排调》记载：桓大司马乘雪欲猎，先过王、刘诸人许。真长见其装束单急，问："老贼欲持此何作？"桓曰："我若不为此，卿辈亦那得坐谈？"

桓温乘着大雪天要去打猎，先到王濛、刘惔等人住处探望。刘惔看见他身着戎装，就问："老家伙穿着这身衣服要做什么？"桓温说："我如不穿这身衣服，你们这班人又哪能闲坐清谈？"

刘惔曾谈论桓温："温眼如紫石棱，须作猬毛磔，孙仲谋、晋宣王之流亚也。"他认为桓温是孙权、司马懿一类的人物。

刘惔是汉室后裔，当时的名士，与桓温为连襟。刘惔善清谈，好老庄，与太原王氏王濛齐名，被认为是永和名士的风流之宗。他们这些清谈的主将，似乎忘记了西晋清谈误国，他们称颂为"神姿高彻，如瑶林琼树"的丞相琅琊王衍不理政事，整日挥麈谈玄，"不以经国为念，而思自全之计"。西晋亡国，王衍被俘后还劝石勒称帝，被石勒用墙压死。

刘惔的妹夫很有名，陈郡谢安。

347 年，三十六岁的桓温力排众议，领兵进攻四川的成汉帝国。当时大家都认为四川的成汉政权盘踞蜀地很久，又在上游，难以攻取。只有刘惔说："伊必能克蜀。观其蒲博，不必得则不为。"意思是桓温必能克蜀，这从赌博就可以看出来，没有必胜的把握，他是不会干的。

与其他朝臣不同，桓温明确地知道江南政权必须依赖巴蜀，上游可靠，下游方才有安全可言。长江虽然号称天堑，难防顺流而下。

因其兵寡，朝廷"甚以为忧"，但桓温颇具才能，入蜀途中遇见"诸葛亮造八阵图于鱼复平沙之上，垒石为八行，行相去二丈"。桓温说："此常山蛇势也。"但其他文武"莫能识之"。

大军抵达成都，双方鏖战，流矢射到桓温马前，"众惧欲退"，结果奇妙的事情发生了，击鼓士卒糊里糊涂竟然敲出了进攻的鼓声，晋军猛攻，成汉大败，成汉皇帝李势投降。

桓温回师，因功勋显赫为东晋中枢司马昱、殷浩所忌。桓温在建康上游的荆州动辄声言北伐，为避免桓温再立大功，褚裒、殷浩相继在时机不成熟的情况下北伐，均以失败告终。永和十年（354 年）

初，桓温逼迫朝廷废殷浩为庶人，理所当然成为北伐主将，威重一时。《晋书·桓温传》说："自此内外大权一归温矣。"

《世说新语·品藻》记载：殷侯既废，桓公语诸人曰："少时与渊源共骑竹马，我弃去，已辄取之，故当出我下。"殷浩被废，桓温对众人说："我小时候与殷浩一起骑竹马玩，我骑过后丢弃了，他总是捡起来，所以他应当在我之下。"

永和十年（354年）二月，四十三岁的桓温第一次北伐，击败前秦军队，军至灞上，父老相迎："不图今日复见官军。"王猛求见桓温，在大庭广众之下，扪虱侃侃而谈，令桓温啧啧称奇，给王猛授官并请与他一起南下。王猛看出桓温千里征伐，长安近在咫尺却不取，是养寇自重，其意在江左而非关中，告辞而去。前秦坚壁清野，桓温粮尽而还。

王猛后来投奔前秦的苻坚，帮助苻坚统一北方。

桓温帐下，人才辈出。谢氏、郗氏子弟云集，谢安的兄长谢弈、谢弈之子谢玄以及谢安本人都曾先后为桓温司马。

谢弈与桓温曾为布衣之交，他在桓温那儿做客时，把头巾掀起露出前额，长啸吟咏，与平日一样。桓温常说："谢弈是我俗世以外的司马。"谢弈喝大了，更无礼节。桓温避开他躲到内室，谁知谢弈竟然跟进去。后来桓温一看谢弈喝高，就到南康长公主那里避开他。公主说："君无狂司马，我何由得见？"

《晋书·谢弈传》记载桓温躲到南康长公主那里之后，谢弈"遂携酒就厅事，引温一兵帅共饮，曰：'失一老兵，得一老兵。'"魏晋时代兵卒地位低下，胡三省注《资治通鉴》："凡奋身行伍者以兵卒为讳。"谢弈时，谢弈的弟弟谢万被汉魏旧族之陈留阮裕斥为"新出门户，笃而无礼"，谢弈为桓温司马，仍然出此轻蔑之语，说明即使桓温掌握军权，家族地位仍然不被门阀士族承认。

谢氏家族的谢弈、谢尚先后亡故，谢安的兄弟谢万也兵败被废，谢安为家族利益，不再高卧东山，出任桓温的司马。其实，为了取得谢氏长期经营的豫州，桓温是在谢万兵败的事情上做了手脚的。谢安对此心知肚明，但他为了向桓温示好，仍然入桓温帐下。桓温权势显赫之时，未闻谢安与其有任何冲突，谢安真的是老谋深算。

桓温也非常欣赏谢安，谢安初次拜会桓温后，桓温有一次去谢安住处，正好谢安在整理头发。谢安性情迟缓，许久才理罢，让侍从取头巾。桓温说："令司马著帽进。"其见重如此。

永和十二年（356年），桓温第二次北伐，于伊水大败羌帅姚襄（此人于殷浩北伐时倒戈，使殷浩北伐失败），收复晋失陷北方四十年的故都洛阳，拜谒西晋皇帝陵，修复洛阳园陵而还。他上书请求迁都洛阳，未被采纳。《晋书·桓温传》记载：温自江陵北伐，行经金城，见少为琅琊时所种柳皆已十围。慨然曰："木犹如此，人何以堪！"攀枝执条，泫然流涕。

可能在此刻，桓温深刻感到时不我待。《晋书·桓温传》记载：或卧对亲僚曰："为尔寂寂，将为文、景所笑。"（"文、景"是指司马昭、司马师。）众莫敢对。既而抚枕起曰："既不能流芳后世，不足复遗臭万载邪！"

《晋书》中桓温与王敦并列一卷，王敦在东晋建立后为大将军，曾经两下建康，意欲取代晋室，却在第二次起兵途中病死。《晋书》记载桓温曾经经过王敦墓，望之曰："可人，可人！"《晋书·桓温传》说他"其心迹若是"。

《世说新语·轻诋》记载：桓公入洛，过淮、泗，践北境，与僚属登平乘楼，眺瞩中原，慨然曰："遂使神州陆沉，百年丘墟，王夷甫诸人，不得不任其责！"

他说最终使得中原国土沦丧，百年来成为荒丘废墟，王衍这班人不能不承担他们的罪责。

桓温两次北伐，声望大增，兴宁元年（363年），朝廷加封桓温大司马、扬州牧、都督内外诸军事、录尚书事，"位在诸王之上"，尽揽东晋大权。

太和四年（369年），桓温"既负其才力，久怀异志，欲先立功河朔，还受九锡"，开始第三次北伐。因天旱河道难以行船，桓温命人凿巨野泽三百里，引汶水入清水，通黄河。巨野泽就是后世的"梁山八百里水泊"，隋末窦建德常躲藏其中。

晋军攻势凶猛，前燕节节败退，准备放弃邺城（今河北临漳），退回老巢龙城（今辽宁朝阳）。此时，一直受到前燕皇帝猜疑的"不败战神"慕容垂请缨，迎击已渡过黄河进驻枋头（距离邺城九十里）

的晋军,同时向前秦求援。慕容垂出奇兵断晋军粮道,桓温粮尽,只好"焚舟弃甲而退"。晋军几乎都是步兵,慕容垂率骑兵尾追,如野狼窥伺猎物,行七百余里,至襄邑(今河南睢县)时前秦与前燕的军队合围,晋军大溃,前后死四万余人。

力挽狂澜的慕容垂,不容于前燕,被迫逃亡,投奔前秦苻坚。

桓温第三次北伐失利,望实俱损,但他趁机兼领徐州、兖州,解决了京口重镇。《晋书·郗超传》记载桓温说"京口酒可饮,兵可用",掌握了京口,就掌握了进入建康的钥匙,桓温得以控制中枢。太和六年(371年),他废皇帝司马奕为东海王,后又为海西公,立司马昱为简文帝,虽大败于江北,却大胜于江左,使得东晋朝廷一度成为"政由桓氏,祭则寡人"的局面,势力达到顶点。《晋书·桓温传》说:侍中谢安见而遥拜,温惊曰:"安石,卿何事乃尔?"安曰:"未有君拜于前,臣立于后!"

谢安曾与王坦之去见桓温的谋主、"入幕之宾"郗超,天晚未见,王坦之不耐,谢安说:"不能为性命忍俄顷?"谢安之善于韬晦,可见一斑。

但枋头之败对桓温确实有影响，他在军权归于一身的局势下，受到王、谢等大族联手阻击，王坦之（曾在桓温帐下任长史）修改简文帝遗诏，不允许桓温破坏士族与司马氏共天下的门阀政治格局。桓温带兵入京，既想诛杀王、谢，改朝换代，又有种种顾虑，不敢放手施为，终于没有大开杀戒。

朱熹门人汇编的《朱子语类》说及桓温："若他便做个二十分贼，如朱全忠（朱温，后梁太祖）之类，更进一步，安（谢安）亦无如知何。"桓温被史书称作"不惜遗臭万年"，但其行事却相当持重，甚至有些瞻前顾后。

因为桓温看到，东晋的稳定是建立在多数士族支持的基础上，这就是江东安危大局所系。如果他强行取代晋室，当然可以做到，但势必引发江左士族群起而攻之，自相残杀，北方胡骑虎视眈眈，有随时入侵的可能，江左内讧，势必不能阻挡。

桓温如果真的代晋，十余年后面临前秦入侵的时候，便不会有上下一心取得淝水大捷的事情，前秦的苻坚就很可能"混一六合"。

桓温只差一步就可化国为家，但在最后关头，他放弃了，觊觎皇位却不得遂其志，抑郁而死。

章太炎先生在《全上古三代秦汉三国六朝文校评》桓温条写道："宣武命世之才，志在光复，何异葛侯？但以死送生，有忝忠贞之节，晚年复谋神授，是以为世所讥。要之，不以一眚而掩大德，诸表疏辞气慷慨，则与《出师表》先后比烈矣。世人拟之王敦，何哉！"

这是将桓温比作诸葛亮了。

王国维先生有诗《曹操》：

　　　　北临洛水拜陵园，奉表迁都大义存。
　　　　纵使暮年终做贼，江东那更有桓温！

崔浩之死

崔浩是南北朝时期北魏著名的大臣，出身北方高门士族"清河崔氏"，官至司徒。此人有经天纬地之才，多谋善断，计出如神，灭大夏、定北凉、讨柔然，在北魏统一中国北方的一系列战争中起了重要作用。北魏太武帝拓跋焘曾指着崔浩，对新归降的高车酋长们说："你们别看此人纤弱不堪，手无缚鸡之力，但他胸中所怀，却远远胜过甲兵。当我征战前犹豫不决之时，都是他使我下定决心，而且总是大获全胜。这都是他的功劳！"

但是，这样一个传说中的诸葛亮式的人物，晚年身死族灭，下场极为凄惨。那么，这又是为什么呢？

439年，北魏太武帝拓跋焘（小名佛狸，就是辛弃疾"佛狸祠下"所指的那个）在压服柔然，统一北方后，委托崔浩修国史。拓跋焘叮嘱他们，写国史一定要"务从实录"。国史修好后，崔浩又大费工力，将国史刻于石上，"方百三十步，费钱三百万"，目的在于炫耀其"直笔"。结果"浩尽述国事，备而不典，而石铭显在衢路，往来行者咸以为言，事遂闻发。有司案验浩，取秘书郎吏及长历生数百人意状。浩伏受赇，其秘书郎吏以下尽死"。拓跋焘命令收捕崔浩及秘书郎吏，审查罪状。崔浩被捕后，拓跋焘亲自审讯他，他"惶惑不能对"。

450年，太武帝拓跋焘诛杀崔浩。在送往城南行刑时，"卫士数十人溲（撒尿）其上，呼声嗷嗷，闻于行路。自宰司之被戮，未有如浩者"。同时，秘书郎吏以下也都被杀，而清河崔氏同族无论远近，姻亲范阳卢氏、太原郭氏、河东柳氏都被连坐灭族。史称"国史之狱"。

对于崔浩招祸的原因，史书语焉不详。后代学者有各种推论，《魏书》称"浩大欲齐整人伦，分明姓族……浩败亦由此"。这是说崔浩之死与要求分明姓族、尊崇门阀有关。《宋书》称"浩密有异图，（柳）光世要河北义士为浩应，谋泄，浩被诛"，这是说崔浩谋反被诛。还有说是因为佛道之争，崔浩笃信道教而太子拓跋晃信佛，国史之狱的原因是崔浩煽动太武帝拓跋焘灭佛而得罪了太子。另有说崔浩内心一直认为南朝是华夏正朔，故一直鼓动北魏向北方用兵，谋泄而被杀。众说纷纭，不一而足。

刘仲敬先生认为：崔浩以刑法制定者自认，企图整齐人伦，奠定门阀社会的永久性基础，保证经学传统免遭异教的侵蚀。但他操之过急，同时开罪思想狭隘的贵族、冒充名门的新人和野心勃勃的僧侣，因而身败名裂。数十年后，他开创的工作由北魏孝文帝完成。

周一良先生的《崔浩国史之狱》一文，对崔浩致死的原因进行了分析，他认为崔浩死于修国史"备而不典"上，就是说崔浩撰写国史完备但不能作为典范。何谓"备而不典"？这要从北魏立国说起。

早在五胡十六国时期，鲜卑拓跋氏就建立了代国，国王是拓跋什翼犍。此后，前秦逐渐强盛起来，统一了北方，小小的代国也被灭亡。386年，拓跋部首领拓跋珪复国，改国号为大魏，建都平城。拓跋珪就是北魏道武帝，又名涉珪、什翼圭、翼圭、开，北魏开国皇帝。《魏书》中记载他是被追封为魏昭成帝拓跋什翼犍的孙子，被追封为魏献明帝的拓跋寔君和贺兰氏的儿子，太武帝拓跋焘的爷爷。至于"备而不典"，必是暴露了"国恶"，就是国家之耻。那么，北魏的国恶是什么呢？虽然崔浩修的史书已不存在，《魏书》、《北史》等史书语焉不详，但《晋书·苻坚载记》上记述376年前秦灭代事，与《魏书》全异，恰好提供了线索。

《晋书·苻坚载记》记载，376年，前秦帝国派遣苻洛向当时的代王拓跋什翼犍进攻，走投无路时，"其子翼圭缚父请降"，"翼圭"即后来北魏的道武帝拓跋珪。前秦皇帝苻坚"以翼犍荒俗，未参仁义，令入太学习礼。以翼圭执父不孝，迁之于蜀"。

但是《魏书》只是记载拓跋什翼犍败至阴山之北，苻坚军乃退还。《魏书》称拓跋什翼犍于苻坚来攻之年即建国三十九年十二月死于云中，寔君传言昭成"暴崩"，似为寔君所害。《北史》本纪径作"皇子寔君作乱，帝暴崩"。《晋书·苻坚载记》则说拓跋什翼犍被俘，入太学。《魏书》本纪称道武帝拓跋珪为魏昭成帝拓跋什翼犍之孙，献明帝拓跋寔君之子。序纪中记载寔君死于建国三十四年（371年）五月，道武帝为其遗腹子，生于同年七月。而《晋书·苻坚载记》则称翼圭为拓跋什翼犍之子，而非其孙。

《宋书》、《南齐书》的记载与《晋书·苻坚载记》相同，均说明拓跋什翼犍被俘至长安一事，这于拓跋氏而言是屈辱可耻之记录。但是，新的疑问出来了。拓跋珪只有五岁，就能够"缚父请降"？应该有其他重臣参与，或者根本就是拓跋什翼犍丢车保帅的苦肉计。

崔浩修国史，详述道武帝拓跋珪被流放至蜀之事，当然也不会避讳道武帝拓跋珪"缚父请降"之事，"以彰直笔"。从而暴露拓跋氏祖先国破家亡之耻辱，遂触犯鲜卑贵族以及太武帝之忌讳，被目为"备而不典"，因以招祸。至于崔浩所谓"受贿"，必属欲加之罪，何患无辞。

周一良先生进一步分析了太武帝拓跋焘之大怒及鲜卑贵族"咸悉忿毒"，尚有其他原因。

《晋书》、《宋书》、《南齐书》都记述道武帝拓跋珪是拓跋什翼犍的儿子，完全没有提拓跋寔君的事情。《北史》记载魏献明帝拓跋寔君的皇后贺兰氏，死于皇始元年（396年），而未记年岁。《魏书》言贺后死于皇始元年，年四十六。则昭成三十四年（371年）献明帝拓跋寔君死时，贺后二十二岁。所以周一良先生怀疑拓跋什翼犍在其子拓跋寔君死后，即以其子妇为妻，以其孙为子。当时苻坚的前秦以及南朝不悉内情，即认为拓跋珪是拓跋什翼犍的儿子。以后道武帝拓跋珪亦曾娶其母贺氏已嫁之妹，也就是他的姨母为妃，大概此类事鲜卑族不以为奇。直到太武帝拓跋珪受汉化影响，乃讳言其事。

贺后传又言："后少子秦王觚使于燕。"据本纪，秦王觚使燕在道武帝拓跋珪登国五年（390年）。既然是少子，其年龄必然小于道武帝拓跋珪。道武帝拓跋珪既然是献明帝拓跋寔君的遗腹子，则秦王觚必然不是拓跋寔君所生。昭成子孙传称秦王觚是昭成帝拓跋什翼犍的第三子拓跋翰之子。那么，秦王觚是献明帝拓跋寔君死后，贺氏嫁于其弟拓跋翰所生？但秦明王翰传记载，翰死于昭成建国十年（347年），而献明帝拓跋寔君死于建国三十四年（372年），也就是说拓跋翰死的时候贺氏还没有出生，或者还在襁褓之中。所以，贺氏于夫死后嫁于夫弟翰而生秦王觚为绝不可能之事。

我国古代，父死而妻后母，兄死而妻嫂，是北方少数民族普遍的风习。秦王觚确实是贺后的少子，但他既非献明帝拓跋寔君之子，又非献明帝拓跋寔君的弟弟拓跋翰之子，那么秦王觚必是贺后与昭成帝拓跋什翼犍之子，翁媳婚配，当时并不以为怪。少数民族风俗如此，可能因为草原生活环境恶劣，一个女人很难带着孩子生存下去。后世李世民杀其弟元吉后，纳元吉之妃；唐玄宗让儿媳寿王妃杨玉环出家为女道士，再令其还俗而纳之为贵妃，就不是公公娶儿媳，而是皇帝纳了一个还俗的女道士为妃。一直到崔浩国史狱后，史家始讳言之。

柏杨先生认为崔浩招祸，一是宫廷斗争的结果，二是因为暴露了北魏贵族的国耻，其国耻就是道武帝拓跋珪为拓跋什翼犍之子，献明帝拓跋寔君根本就是子虚乌有。这样北魏的创业始祖，也就是太武帝拓跋焘所敬爱的祖父竟是一个卖父求荣的逆子，还刻石立碑，搞得人人皆知。偏偏这些都是事实，北魏的权贵怎会不大怒若狂？

而从周一良先生的分析看，拓跋珪实是昭成帝拓跋什翼犍的孙子，魏献明帝拓跋寔君和贺兰氏的儿子。

但柏杨先生对崔浩在北魏太武帝拓跋焘亲自审

讯他，"惶惑不能对"的看法颇有道理。

柏杨先生说，一个小人物被控告，还能说出一箩筐的道理。以崔浩的能力和口才（曾经讲天文使天文学家张口结舌，讲地理让出使北凉的受贿大臣哑口无言），又面对五族屠灭的威胁，正是他申诉、辩解，甚至请求宽恕，或甚至表明严正立场的唯一机会，怎么反无一语？人在绝望之际，虽因性格不同而反应不一，但无外乎破口大骂，或侃侃而谈，或哀求呼冤，或吞声不语，悲愤抗议。而崔浩不然，卫士撒尿到他头上、脸上、身上时，只能发出嗷嗷悲号，原因何在？必是崔浩的口腔，受到酷刑破坏，已不能言语。很显然，崔浩一开始就遭到毒手。

崔浩作为统一战争的谋主，参与了北魏三代帝王重大的军事决策，算无遗策，屡建功勋，后世赞为北朝第一谋士，但他结局如此之惨，千载之下，仍令人扼腕叹息！

苏　轼

苏轼是我国文化史天空中最为璀璨的星斗。著名的散文"唐宋八大家"，苏洵、苏轼、苏辙父子三人占据宋代六人中的一半，苏轼尤其出色：诗词方面，苏轼的诗可列北宋第一，词则与辛弃疾并称"苏辛"，为豪放派的代表人物；书法列"苏黄米蔡"之首；绘画方面与米芾并称"苏米"，米芾又奉苏轼为师。

他不仅是一个天才人物，更难得的是他屡遭打击，仍然以通达的眼光看待自己的不幸，笑对人生。沧海横流，不改风流本色。

风流者，如风之行，如水之流。

苏轼幼时，跟母亲读《后汉书》，说到范滂接受国家的委任，"登车揽辔，慨然有澄清天下之志"，想要为国家做出一番事业来。但当时宦官专政，后来发生"党锢之祸"，许多士大夫被杀被关。范滂准备自首，却遗憾自己未能报答母亲养育之恩："惟大人割不可忍之恩，勿增感戚！"范滂的母亲说："汝今得与李、杜齐名，死亦何恨！既有令名，复求寿考，可兼得乎？"

苏轼立刻问："轼若为滂，母许之否乎？"儿子将来遇到这种生死抉择，也与范滂一样，母亲能允许吗？苏母反问："吾岂不如范母？"

范滂的事情，说的是一个人面对淫威而不屈，杀身成仁，这应该是中国古代读书人最推崇的气节。苏轼幼时，已经立下了平生之气节，就是孟子说的"吾善养吾浩然之气"。

苏轼第一次读《庄子》，认为"吾昔有见，口未能言，得吾心矣"。庄子的哪一句话与苏东坡思想相通，苏轼没有明言。据叶嘉莹先生分析，应该是《逍遥游》中"藐姑射之山，有神人居焉；肌肤若冰雪，绰约如处子"。这样的神仙，"大浸稽天而不溺，大旱金石流，土山焦而热"，即使发大水将所有生物淹没，大旱时连金属和石头都被晒化，神仙仍"物莫之伤"。

这是说无论怎样的困难挫折，都不能使自己受到伤害。即使在最糟糕的环境中，我仍然轻松面对，像庄子所说的"间世异人"，在纷繁复杂的人世中游刃有余。老子说："善闻摄生者，陆行不遇兕虎，入军不披甲兵；兕无所投其角，虎无所措其爪，兵无所容其刃。夫何故？以其无死地。"

所以，苏轼也在很早的时候接受了老庄的思想，影响了他的一生。

十八岁时，苏轼娶王弗为妻。

宋仁宗嘉祐元年（1056年），苏氏父子三人自家乡四川眉山进京，立刻引起世人瞩目。在殿试中，主考官欧阳修出题《刑赏忠厚之至论》，苏轼写道："当尧之时，皋陶为士。将杀人，皋陶杀之三，尧宥之三。"在尧的时候，皋陶为执法者，坚持几次要将一个犯法的人杀掉。尧是一个仁君，想赦免犯法的人，坚持了几次说应该原宥。苏轼的意思是不要随便杀人，杀之前应该想想此人是否可赦免，如果此人十恶不赦再杀，那么，即使用了刑，也不失忠厚。

欧阳修特别欣赏这篇文章，本想取为第一名，却觉得文风像自己的门生曾巩，为了避嫌，取为第二名（据说欧阳修后来非常后悔），苏轼就成为了欧阳修的门生。

欧阳修作为当时的文坛泰斗，却不知道"皋陶杀之三，尧宥之三"见于何典，考官梅尧臣后来问苏轼，苏轼说："想当然耳。"苏轼承认是自己杜撰的，但同时表示明君一定会这样做。对苏轼的率意随性，欧阳修不但不生气，还说："读苏轼书，不觉汗出，快哉！老夫当避路，放他出一头地也。"

这就是成语"出人头地"的来历。

欧阳修还对自己的儿子说："汝记吾言，三十年后，世人更不道著我也。"三十年后，世人更不会谈及我。果然，苏轼死后十年，无人提及欧阳修，人人都在谈论苏轼，偷读他被禁的诗词文章。

嘉祐二年，刚刚二十岁的苏轼与弟弟苏辙通过殿试，在三百八十八位考中的学子中名列前茅。

"眉山出三苏，草木为之枯。"这父子三人，真是汲尽眉山天地灵气。

苏轼正要开始仕途之路，母亲去世了。他们匆匆返回举办丧礼，将母亲安葬在"老翁泉"附近的墓地。苏洵号"老泉"，即来源于此。

苏轼为母守孝三年，三年后才回到东京汴梁，与苏辙又通过了批评时政的"制策"考试。同时，苏轼呈上自己策论文章二十五篇。

仁宗退朝回到内宫，欣喜地对皇后说："吾今又为子孙得太平宰相两人。"

但宰相韩琦以为苏轼还年轻，将他派为凤翔府（今陕西宝鸡）签判。

这个韩琦，曾嘲讽大将狄青："东华门外以状元唱出者才是好男儿。"

在凤翔，苏轼与陈太守不睦，还曾在太守请他写的《凌虚台记》讥刺太守不知城外有山。太守心胸宽广，依然叫人将文章刻在石碑上。

苏轼后来被贬黄州，因为政敌知道陈太守的儿子陈慥在黄州，他们以为可以借仇人之手除掉苏轼。但是，苏轼早已发现自己的鲁莽，在陈太守去世后，应其家人之请写了墓志铭。在苏轼一生写的七篇墓志铭里，这一篇长度仅次于写给司马光的。

陈慥字季常，娶妻柳氏，即"河东狮吼"。苏轼有诗《寄吴德仁兼简陈季常》：

龙丘居士亦可怜，谈空说有夜不眠。

忽闻河东狮子吼，拄杖落地心茫然。

陈季常成为苏轼一生的朋友。

苏轼还结识了另一位太守章惇，他们一起进山游玩。在仙游潭，绝壁之上架有横木为桥，苏轼不敢过，章惇安步而过，用绳索挂在树上上下，书"苏轼章惇来游"于石壁，从容返回，神彩不动。

苏轼抚章惇背："君他日必能杀人。"章惇问为什么，苏轼说："能自判命者，能杀人也。"能将自己性命玩弄于股掌之上，亦能杀人。

不久，仁宗死去，英宗即位（1064年），以苏轼为翰林待诏，即皇帝的秘书，韩琦反对，苏轼就在史馆任职。

五月，苏轼的妻子王弗去世。十周年的时候，苏轼写下了"十年生死两茫茫，不思量，自难忘"。

第二年，苏洵去世。苏轼、苏辙辞官回乡。三年后丧期届满，苏轼娶王弗的堂妹为妻。

1068年，已经是宋神宗熙宁元年腊月，苏轼、苏辙进京，正逢宋神宗任用王安石变法。

王安石，与苏氏父子一样名列"唐宋八大家"，平日不修边幅。但苏洵曾写《辨奸论》，说王安石"衣臣虏之衣，食犬彘之食，囚首丧面而谈诗书"。王安石在政治经济各方面推行改革，政策上用意富国强兵，执行上却难免有偏差。

苏轼看到变法的问题，上书抨击青苗法中的缺失。1071年，苏轼被外放杭州通判，中国历史上最出名的天才与最美丽的城市相遇了。

苏轼相信自己的前生住在杭州。据说他去寿星院时，觉得景物熟悉，告诉同伴有九十二级台阶通往忏思堂，结果确实如此。

王安石的新党失势，司马光为首的旧党上台，要废除一切新法，排挤所有新党。苏轼又上书，认为不应废除新法之中有利于百姓和国家的措施。他说："昔之君子惟荆是师，今之君子惟温是随。老弟与温相知日久，始终无间，但不随耳。"

"荆"是王荆公王安石，"温"是司马温公司马光。这样，苏轼在新旧两党眼中都是反对派，被称之为"蜀党"。

尤其苏轼有济世之才，更为两党排斥，成为派系斗争的牺牲品。在密州，他与百姓一起力抗蝗灾；

在徐州，洪水到来时他舍身救城，每天住在城墙上，监督筑堤固墙，眼看水位即将超过城墙仍不后退，与军民一起奋战，直至大水退去。

苏轼前后两次外放杭州，一次是通判，一次为太守。他殚精竭虑，治理好了几乎壅塞的西湖，使得西湖在调节水量、供给饮水以及减少海潮压力等方面，都有很大作用。他主持修建的"苏堤"，不仅能够处理水草污泥，更为西湖增添了一道美丽风景。

苏轼在杭州疫病流行的时候，成立了"病坊"，这应是中国官府出面办理的最早的传染病隔离医院。

从杭州开始，苏轼开始了被贬逐外任的脚步，中间虽也曾返回京城为官，但为时短暂。他走过河南、江苏、浙江、湖北、湖南、广东，从未在一个地方居住超过三年，距离东京汴梁越来越远，最后贬居海南，遥望中原只一线山影。

苏轼在外放时还接待了一位朋友。这位朋友与苏轼论旧，将苏轼的新作抄录下来，回京后，将自己认为其中诽谤朝廷的诗句加以注释，上书告发苏轼居心叵测，大逆不道。

据说，苏轼的这位朋友是沈括，《梦溪笔谈》的作者。

苏轼的政敌如获至宝，派人将苏轼从刚刚赴任的湖州抓回东京，关在御史台监狱里。御史台的院子里种了很多高大的柏树，招来很多乌鸦作巢，因此御史台也叫"柏台"、"乌台"，这件案子就是"乌台诗案"。

苏轼在乌台被关押四个多月，"狱吏稍见侵，自度不能堪"。看样子受到了狱吏虐待。

据说，苏轼与长子苏迈约定，有坏消息就送鱼来。有几天苏迈被迫出京借款，让一个朋友代他送饭，却忘了约定的事。这个朋友送了几条熏鱼，苏轼吓坏了，写两首绝命诗给苏辙，有"与君世世为兄弟"之语，将一家十口托付给苏辙。

新党对苏轼的迫害，旧党一言不发，只有苏轼的家人和朋友想方设法搭救，如驸马王诜。王诜是北宋著名画家，师法李成，《宣和画谱》说他"落笔思致，到古人超逸处"，其词有"金翠楼台，倒影芙蓉沼"名句，见富丽堂皇。苏轼赞其"风流文采磨不尽，水墨自与诗争妍"。《水浒传》中苏轼将高俅推荐给了王诜，王诜又推荐给了端王，高俅从此飞黄腾达，王诜即书中的"小王都太尉"。

一天午夜，苏轼的牢房里忽然来了一个人。进来后一言不发，将一个小盒子放在地板上当枕头，倒头就睡。苏轼以为是别的囚犯，没有理他，径自睡着了。四更天的时候，苏轼被这个人推醒，说："恭喜！"

原来这个人是宋神宗派来的，看到苏轼呼呼大睡，鼾声如雷，立刻报告给了宋神宗。神宗明白苏轼心中没有亏心事。

此时，仁宗的皇后病逝，应大赦天下。副丞相王珪却称，苏轼的诗作中有"根到九泉无曲处，世间惟有蛰龙知"，证明苏轼有叛逆之心。神宗说："诗人之词，安可如此论？彼自咏桧，何预朕事？"章惇在旁，为苏轼辩解说："龙者，非独人君，人臣俱可以言龙也。"宋神宗说："自古称龙者多矣，如荀氏八龙、孔明卧龙，岂人君也？"

王珪语塞，退出后章惇问他："相公乃欲覆人家族邪？"王珪说："此舒亶语耳。"章惇说："亶之唾亦可食乎！"你连舒亶的口水也要吃吗！

神宗免苏轼死罪，苏轼回到家中，"却对酒杯浑似梦，试拈诗笔已如神"。

但是，"乌台诗案"是政敌刻意在苏轼诗中断章取义，恶意中伤，必欲置苏轼于死地，这对苏轼的打击非常重。苏轼"誉满天下，谤亦随之"，他的一生，就在人性恶毒的嫉妒中度过，所以他给爱妾朝云生的小儿子取名"遁"，题诗："但愿生儿愚且鲁，无灾无难到公卿。"

苏轼贬到黄州担任团练使的小官，且不许管理任何政事。落魄至此，他写下的《寒食帖》，被称为"天下第三行书"。

贬官期间没有收入，难以维持生活，但他并不怨天尤人，开垦了城东东坡一块荒地，像陶渊明一样自己耕种，世上从此就有了东坡居士。他在雪中建造了自己的房屋，名为"雪堂"，在此写下了大量诗词文章。

我国文人以诗来表现抱负，词本是酒席间供歌妓演唱的歌曲，内容多为美女和爱情，直到苏东坡用写诗的方法写词，并且多写自己的胸襟怀抱，开创了更为深广的境界。词从此摆脱了筵席应酬的身份，进入了前所未有的新天地。

《念奴娇》词牌，因为苏东坡的《念奴娇·赤壁怀古》，又被称为《大江东去》或《酹江月》，一场尽人皆知的赤壁大战，苏东坡仅用"樯橹灰飞烟灭"六个字就写完了，天纵其才！

至于他写的前、后《赤壁赋》，以通达的宇宙观，将无限的时空用完美的文字和声韵表现出来，体现了苏东坡在儒道佛之间圆融无碍，出入自如的境界。《记承天寺夜游》，短短八十五个字成为"瞬息佳境最动人的记录"，体现了苏轼提倡的作文"行于所当行，止于所不可不止"，传诵千古。

在苏东坡的眼中，并无高低贵贱之分。他在黄州，语言不通，"儿童尽楚语吴歌"，当地人不知道同他说什么，他就和他们一起讲鬼故事。他说："上可陪玉皇大帝，下可陪卑田院乞儿。"

神宗去世，哲宗即位。苏辙上《乞罢章惇知枢密院状》，章惇被黜，对苏氏兄弟怀恨在心，苏东坡最好的朋友变成了最可怕的仇敌。

1094 年（哲宗绍圣元年），章惇为相，"能杀人者"将苏辙贬居雷州，并赶出官舍。苏辙被迫租赁民宅，却被告发非法侵占，幸亏有租赁合同才逃过一劫。

苏东坡被贬到当时为蛮荒之地的岭南惠州，经历了诸多磨难的东坡居士安之若素。他在惠州春风中小睡，写下《纵笔》：

白头萧散满霜风，小阁藤床寄病容。

报道先生春睡美，道人轻打五更钟。

春风将诗吹到远在京城的章惇耳里："苏子，尚尔快活邪！"原来苏东坡那么惬意！

苏东坡刚在惠州建起自己的房子，两个月后，被贬谪到海南儋州。

儋州当地张太守久仰东坡居士，热情招待。但不久，章惇派人将苏东坡逐出官舍。当地居民纷纷跑来，帮助盖起房屋，苏东坡命名为"桃榔庵"。

东坡年老，看不清楚东西："浮云眼缬散云霞，无数心花发桃李。"空中好像都是云霞，什么东西也看不清楚，但是，有无数像桃李一样美丽的花在我的内心之中开放了。

东坡十分欣赏陶渊明的诗和人，曾经和陶渊明的诗一百零九篇，自许"不甚愧渊明"。二人皆经历不凡潇洒出尘，东坡似乎更胜一筹：陶渊明是将悲苦溶解，但悲苦仍在；东坡将万物融于胸中烘炉，在江上清风与山间明月之间留下一襟晚照。

1100年，哲宗去世，大臣打算拥立端王。章惇说："端王轻佻，不可以君天下。"太后执意立端王为帝，是为宋徽宗。

章惇被贬至雷州，当地居民不将房屋租赁给他。不久，苏东坡被赦免南归，天下皆以为必将重用，章惇之子章援写信给苏东坡，请求自己的老师不要报复。苏东坡回复："某与丞相定交四十余年，岁中间出处稍异，交情固无所增损也。……惟论其未然者而已。……"

对一个曾经不择手段迫害自己的人，苏东坡说：我们唯有笑看未来。

实际上，苏东坡渡海归来时，写了《六月二十日夜渡海》：

参横斗转欲三更，苦雨终风也解晴。

云散月明谁点缀？天容海色本澄清。

空余鲁叟乘桴意，粗识轩辕奏乐声。

九死南荒吾不恨，兹游奇绝冠平生。

苏东坡走到常州病逝，年六十六岁。临终前说：
"我没有做过坏事，我不会下地狱。"

苏东坡去世后，徽宗将他列在"元祐党人碑"，
书也被禁，蓄意将其永远钉在耻辱柱上。1106年，
文德殿上的石碑被雷劈为两半；五年后，一个道士
告诉徽宗，看到苏东坡在天宫为文曲星。徽宗惊惧
之下，恢复苏东坡一切荣誉。

七十年后，陆游到黄州东坡故居，看到东坡画像，
身着紫袍，头戴黑帽，手持藤杖，倚石而卧。陆游
会想些什么呢？也许上天真的是偏爱东坡，因为他
离世二十五年后，轻佻的宋徽宗葬送了天下，东坡
则免去了国破家亡的羞辱。

上天让苏东坡在万丈红尘中遨游，在忧愁、患
难和屡经挫折时仍坚持操守，在佛道儒之间达到完
美的贯通和谐。我们常说："愿你出走半生，归来仍
是少年。"将近一千年前，苏东坡说："万里归来颜
愈少，微笑，笑时犹带岭梅香。试问岭南应不好，
却道，此心安处是吾乡。"

即使周遭嫉妒、诽谤、诬陷、迫害的暗箭如雨，他却潇洒出尘，"沾衣不湿杏花雨"。在磨牙吮血的险恶环境中，面对接踵而来的打击和自己有志难伸的困厄，东坡一笑而过，留下的是传诵千古的诗词歌赋和无数美食美景的传说。"一点浩然气，千里快哉风"，吹拂过千年的时光，至今仍温暖着我们的心灵。

上天偏爱这些至情至性的人，好像汤显祖、曹雪芹和纳兰容若。汤显祖临川四梦、曹雪芹红楼大梦、纳兰容若浮生一梦，东坡世事一场大梦。

人生如梦，一樽还酹江月。

辛弃疾

辛弃疾（1140—1207年），字幼安，号稼轩，历城（今山东济南）人，南宋著名词人，其词以豪放为主，与苏东坡并称"苏辛"。

辛弃疾出生之前十三年，即1127年，金兵入东京汴梁（今河南开封），宋徽宗、宋钦宗连同后妃、太子、亲王、皇族共三千多人成为俘虏，北宋灭亡，就是岳飞所称的"靖康耻"。后徽宗、钦宗先后惨死在五国城，也就是今天的东北黑龙江省依兰县。

辛弃疾出生之后两年，即1142年11月，金国与南宋签订和约。一个月后，岳飞被以"莫须有"的罪名，与子岳云、部将张宪一同遇害，那是1142年12月。

南宋与金国约定东以淮河中流、西以大散关（今陕西宝鸡西南）为界，以南属宋，以北属金。辛弃疾出生于今山东济南，南北之间，属于金国和南宋都无法管辖的地方。事实上，这些地区豪杰并起，有很多地方势力割据自雄，如耿京自称"天平节度使"，率领山东忠义军，就是其中一支。辛弃疾参加了耿京的义军，任掌书记，并劝耿京率部南归，投奔南宋朝廷。

辛弃疾与一个叫义端的和尚友善，让其参加义军。不想有一天，义端竟盗走义军的大印逃跑。耿京大怒，欲杀辛弃疾，辛弃疾请给予三天期限，逾期不获，愿意就死。辛弃疾追赶义端，"急追获之"。义端说："我识君真相，乃青兕也，力能杀人，幸勿杀我。"辛弃疾"斩其首归报"，耿京"益壮之"。

青兕，古代指犀牛。《西游记》中，套取了孙悟空的金箍棒和各路神仙的法宝兵器，最后被太上老君收服的"兕大王"，就是太上老君坐的青牛。青兕凶猛如虎，常"虎兕"并称，《红楼梦》中元春的判词"虎兕相逢大梦归"，是暗指两股极为强大的力量决斗，元春殒命。

辛弃疾的好友陈亮说他："眼光有棱，足以照映一世之豪；背胛有负，足以荷载四国之重。"这形象，真的是一只"青兕"吗？

绍兴三十二年，耿京命辛弃疾"奉表归宋"。宋高宗赵构在建康（今江苏南京）召见了他，"嘉纳之"，任命他"乘务郎、天平节度掌书记"，并正式任命耿京为"天平节度使"，授予大印。

辛弃疾得到朝廷的表彰南归，却得到一个噩耗：耿京被部下张安国、邵进杀害，数十万义军溃散。辛弃疾说："我缘主帅来归朝，不期事变，何以复命？"他没有犹豫，率领五十多人追了下去。

张安国进了金军大营，那里有五万敌军。辛弃疾浑身是胆，数十骑直冲敌营。张安国"与金将酣饮"，正在喝庆功酒，辛弃疾就在酒席宴上杀金将擒叛徒，再冲出大营。一路马不停蹄，将叛徒抓回临安（今浙江杭州），交给南宋朝廷，游街后斩首示众。

"想当年，金戈铁马，气吞万里如虎！"

洪迈在《稼轩记》中说："壮声英概，懦士为之兴起，圣天子一见三叹息。"宋高宗便任命辛弃疾为江阴签判，这时他还不到二十三岁。

我第一次看到辛弃疾上述英雄事迹时，实在难以置信。他面对的是金兵，十几年前摧枯拉朽般灭亡了辽和北宋两个大国的金兵，他真的当数万金兵是"土鸡瓦犬"（关羽说颜良率领的河北大军的话）？

"女真不满万，满万不能敌"，几乎是当时世人公认的真理，辛弃疾不过轻蔑一笑？

传说中的凶神恶煞、整个南宋朝廷闻之色变的女真，只能在他马蹄前狼奔豕突鬼哭狼嚎，可以想见辛弃疾一往无前的决心和藐视一切的气概，"其疾如风，侵掠如火"。

只率领五十几人，冲入数万敌军，杀将擒贼，并且全身而退，毫发无伤，怎能相信这样的壮举是活生生的事实？何等非凡的胆色！

辛弃疾南归，原是盼望参与恢复大业，谁知这些从北方投奔朝廷的军队，如"五胡乱华"时的"流民帅"，历来都是偏安政府防范的对象。"击楫中流"的祖逖，积极准备北伐，虽被任命为奋威将军、豫州刺史，实际东晋皇帝司马睿无心北伐，只给祖逖一千人的粮食和三千匹布作为北伐物资，不发铠甲和武器，处处限制。

南宋时期，从北方到南方的军民，被称为"归正人"，依然受到朝廷的严密防范。志在偏安的宋高宗赵构，已经不顾"不杀大臣"的祖训，悍然杀害了力主抗金的岳飞。辛弃疾奇迹般南归，其胆略、武功和拳拳报国之心，更是受到猜忌。南宋与金国签订和约未久，惊魂未定，一心偏安，更无恢复中原的决心。所以，稼轩虽被任命为官，但手下的军队被解散，自己也只是一个文官。

辛弃疾在南宋前后四十六年，历任湖北、江西、湖南、福建、浙东安抚使等职，实际上几乎一直处于投闲置散的状态，从未在首都任职。

辛弃疾志在恢复中原。宋孝宗时，辛弃疾"因论南北形势及三国、晋、汉人才，持论劲直，不为迎合"。他提出《美芹十论》《九议》《应问》等奏疏，"言逆顺之理，消长之势，技之长短，地之要害甚备"。他的全盘战略，包括"守江必守淮"，进而袭击山东，由山东进兵中原，练兵筹饷，一步一步，都有详细周密的谋划，显示出他不仅一身是胆，并且目光远大，头脑清楚，才识过人。

辛弃疾在地方官任上，"宽征薄赋，招流散，教民兵，议屯田"，既能镇抚地方，安定百姓，同时还能练兵筹饷，证明他的攻守计划绝非纸上谈兵。如果朝廷重用，真有可能驱逐胡虏，恢复故土。但是，朝廷始终不信任他，攻击他"用钱如泥沙，杀人如草芥"。辛弃疾空有一身本领，却始终不得施展，因此"还我河山，宋人之虚愿"（冯友兰语）。辛弃疾反而不断遭到攻讦，一生之中多次被弹劾，所以他满腔孤愤，化作《稼轩长短句》。

辛词与苏词词风相近，遂"苏辛"并列。但辛词更加雄浑豪壮，悲壮沉郁。柏杨先生说：苏轼的词如日出时万马奔腾，长啸遨游。辛弃疾的词则如日落时两军鏖战，纵是不悦耳的嘶喊，也出自肺腑。

稼轩填词爱用典故，被讥为"掉书袋"，但典故在手并不影响感情奔放。他在词史上的一个重大贡献，就在于内容的扩大，题材的拓宽。经史子集，佛经道书，俗句谚语，稼轩都能不拘一格，信手拈来，所以，辛词也有"最喜小儿无赖，溪头卧剥莲蓬"这样活泼新鲜的词句。

稼轩与东坡并称，还因为两人诗词写得最好的时候，都是他们有志难伸，不能施展政治抱负之际。看来洒脱，但都是最痛心的作品。稼轩在江西郁孤台，看到一江流水，想到这么远的地方都曾遭到金兵的兵燹，宋朝王室被金兵一路南追，宋高宗赵构被逼坐船亡命海上，但金兵竟然组织舰队出海追击三百余里。稼轩悲愤之余，写下"郁孤台下清江水，中间多少行人泪"，这真是流入稼轩心里的泪水。

稼轩能够达到极高的文学境界，除了天分，还有难以舒展的郁结之气，再就是他交游广阔，"弃疾豪爽尚气节，识拔英俊，所交皆海内知名士"。

稼轩曾与朱熹游武夷山，作《九曲棹歌》，朱熹为他题"克己复礼"、"夙兴夜寐"。但其实稼轩的知己是陈亮。

陈亮（1143—1194年），字同甫，史书说他"生而目光有芒，才气超迈，喜谈兵，议论风生，下笔数千言立就"，曾两次被诬陷入狱。1193年状元及第，不久病故。

陈亮与稼轩志同道合，著名的"醉里挑灯看剑，梦回吹角连营"的词是《破阵子·为陈同甫赋壮词以寄之》。

1188年秋天，陈亮在浙江东阳写信给辛弃疾和朱熹，相约到江西铅山紫溪商讨统一大计。但后来，朱熹因故推辞了这次铅山之会。这年冬，辛弃疾正染病在床，陈亮的到来使他十分兴奋，盘桓十日，辛弃疾与陈亮同游鹅湖。告别后第二天，辛弃疾"意中殊恋恋，复欲追路"，驱车抄近路去追陈亮。赶到鹭鸶林，"雪深泥滑，不得前矣"。辛弃疾"独饮方村，怅然久矣，颇恨挽留之不遂也"。当晚夜宿农家，闻邻人吹笛，作《贺新郎·把酒长亭说》。过了五天，陈亮来信索取这首词，稼轩说"心所同然者如此，可发千里一笑"。之后两人往返唱和，共写了五首。

鹅湖书院，以两次"鹅湖之会"出名。第一次鹅湖之会，是中国哲学思想史上著名的"朱陆之会"，就是朱熹一方和陆九渊为另一方，在吕祖谦主持下的辩论大会，是中国思想史上的丰碑。陆九渊这一派的思想，流传到明朝，被王阳明发扬光大，成为"心学"。

稼轩和陈亮这次会晤，雪中瓢泉煮酒，纵论天下大事，鹅湖十日同游，成为文坛佳话，后被称为第二次"鹅湖之会"。

稼轩在与陈亮别后写的《贺新郎·同父见和，再用韵答之》中"男儿到死心如铁，看试手，补天裂"，豪情万丈。

与稼轩交往的人，都是他的同道中人，都是当朝执政者排斥的人物。许倬云先生说：自古物以类聚，同气相求，利欲熏心的掌权者，本来就不能容忍理智清明的正人君子，薰莸不同器，岂止南宋而已。

1194年，南宋韩侂胄把持朝政，他是北宋名臣韩琦之后。朱熹因曾得罪韩侂胄，韩侂胄称朱熹的道学为"伪学"，下令禁止宣传。

1200年，朱熹去世，"朱熹殁，伪学禁方严，门生故旧至无送葬者"，朱熹的门生故旧都不敢前来送葬。已经六十一岁的稼轩不顾这些，虽不是道学中人，却坚持亲自前往吊唁，并撰写祭文，寄托哀思。

韩侂胄称言北伐，再次起用稼轩。诏令到铅山，稼轩已病重卧床不起，只得上奏请辞。1207年10月3日（农历九月初十），稼轩忧愤而卒，据说其临终大呼"杀贼"！

稼轩的好友刘过说他："精神此老健于虎，红颊白须双眼青。未可瓢泉便归去，要将九鼎重朝廷。"

七十二年后，文天祥被关押在蒙古舰队的海船上，在崖山亲眼目睹了南宋宰相陆秀夫背着南宋最后一位小皇帝跳海，南宋覆亡，那是1279年。

七百二十年后，病中的梁启超正在写作《辛稼轩年谱》，恰好写到稼轩祭奠朱熹的文章。梁启超录下这篇文章中的四句："所不朽者，垂万世名。孰谓公死，凛凛犹生。"这是梁启超的绝笔，那是1928年。

南宋末年，率领义军在江西抗元，兵败殉国的谢枋得说稼轩："公精忠大义，不在张忠献（张浚）、岳武穆之下……使公生于艺祖、太宗时，必旬日取宰相。入仕五十年，在朝不过老从官，在外不过江南一连帅。公没，西北忠义始绝望。"

稼轩一生郁郁不得志，在当时的人看来，他的一生是不幸的。然而他不是为自己不幸的遭遇，而是为国家的兴亡、人间的不平、人生的无常而感慨。他那些直击人心的词句，没有悲叹自身的命运，而是悲叹万民百姓，芸芸众生。所以，稼轩是成功的，不在于功名利禄的成功，而是人格上的成功。

正是这种形式上的"不幸"，才使得稼轩将超凡的才智，投入文学创作，我们才有幸读到这些动人心弦的长短句，这也是人类文化的幸事。

又如东坡，如果他真的成了宋仁宗曾经期盼的宰相，他的笔下应该多是公文写作吧！

后记：我的一位朋友，将稼轩全部六百二十九首词爬梳了一遍，发现至少有四百二十首为晚岁闲居信州（今江西上饶）所作，故专门赴上饶，走遍稼轩最后生活的土地。他深情地写道："这位中国历史上最有温度、最有筋骨的文人，把他人生中最瑰伟的想象、最温婉的情怀都如星辉流水般地倾泻在这片奇秀土地上。那二十多年里，他在这片土地上喷薄出来的那些或慷慨、或凄美的文字，丰碑似的镌刻在中国文学巍巍峰峦的峰巅。"

是以记之，赞之！

陆　游

　　陆游（1125—1210 年），字务观，越州山阴（今浙江绍兴）人，南宋著名爱国诗人。宋人叶绍翁曾说，陆游母亲唐氏于临产前梦见了秦观（字少游），于是取名为"游"，字"务观"。此为传说，其实，应出自《列子》"务外游不如务内观"。

　　史书上说陆游"年十二能诗文"，他的老师是曾几，属于"江西诗派"。宋元时代的诗人，论诗作诗都以律诗为主，他们崇拜杜甫的诗律，把杜甫奉为唐律之祖。苏东坡、黄庭坚学杜甫、韩愈，诗风一变。尤其是黄庭坚，以他的盘空硬语，开创了江西诗派，称霸于北宋诗坛。"落木千山天远大，澄江一道月分明"与"桃李春风一杯酒，江湖夜雨十年灯"都是黄庭坚的千古名句。

　　自唐以来，钦佩杜甫的人很多，但最早公开赞颂学习杜甫的就是黄庭坚。黄庭坚认为杜甫的诗"无一字无来处"，句句都是把"古人陈言"点铁成金；

但是"读书少"的人就觉得全是古典成语，步步艰难。陆游虽拜曾几为师，但是诗格没有受到很大影响，他的朋友指出他"不嗣江西"，反而是一般宋人尊而不亲的李白是他七言古诗的楷模。陆游留下来的诗词有九千多首，是我国现存诗篇最多的诗人，他与杨万里、尤袤、范成大并称为宋"中兴四大诗人"。

陆游出生后第二年，即 1126 年，北宋被金灭亡。

陆游出身官宦人家，王安石曾经讲学江宁府（今江苏南京），陆游的祖父陆佃"往受教，以为平日就师十年，不如从安石一日"。因为父祖皆为官，陆游"荫补登仕郎"。在 1153 年进京城临安（今浙江杭州），参加现任官员及恩荫子弟的进士考试，即"锁厅考试"，名列第一。秦桧的孙子秦埙同场考试，位居陆游之后。秦桧大怒，"至罪主司"。第二年，陆游参加礼部考试，主考官又将陆游名列前茅，秦桧指示主考官不得录取陆游，考官已定秦埙名列第一。但在殿试时，宋高宗赵构御览后，认为张孝祥的文章"议论确正、词翰爽美"，尤其一手漂亮的书法，深得赵构之心。所以，张孝祥被定为第一。

陆游欲入官场，却得罪了当朝最炙手可热的权相，其宦途起步艰难，可想而知。直至秦桧病死，陆游才得以任福州宁德县主簿。

陆游与表妹唐婉，两人本是恩爱夫妻，但后来在母亲的干预下被迫离婚。至于原因，刘克庄说"二亲督教甚严，恐其惰于学也，数谴妇，放翁不敢逆尊者意，与妇诀"，也就是说陆游父母担心其对儿女之情的眷恋影响对"功业"的追求，陆游被迫尊母命休妻再娶，唐婉改嫁。十年后二人在沈园重逢，曾经深爱的人四目相对，痛断肝肠。

世界上最遥远的距离，

是深爱的你成了前妻……

他们各自写下《钗头凤》，"错，错，错！莫，莫，莫！"与"难，难，难！瞒，瞒，瞒！"令人心碎。

唐婉于当年秋天病故。

陆游六十余岁的时候，写了《菊枕》诗：

采得黄花做枕囊，曲屏深幌闷幽香。

唤回四十三年梦，灯暗无人说断肠。

少日曾题菊枕诗，蠹编残稿锁蛛丝。

人间万事消磨尽，只有清香似旧时。

四十三年前的事情可以向谁诉说？生活在礼教、名誉、感情、家庭的重重枷锁中，后娶的妻子、儿女皆不可言，惟有泪千行，"咽泪装欢"，却向心里流。

二十岁时的旧稿，已经满是蛛丝；唐婉所缝菊枕，惟有清香，还像四十三年前的味道。

陆游七十五岁的时候，写了《沈园》诗：

梦断香销四十年，沈园柳老不吹绵。

此身行作稽山土，犹吊遗踪一泫然。

城上斜阳画角哀，沈园非复旧池台。

伤心桥下春波绿，曾是惊鸿照影来！

陆游二十岁就写下了"上马击狂胡，下马草军书"，立下了报国大志。

1162 年，宋孝宗任用张浚，准备北伐。陆游提出了许多政治军事主张，积极支持北伐。1163 年，宋军在符离（今安徽宿州）大败，主力十三万人全军覆没。张浚罢官，陆游被削职还乡。

1170 年，陆游任夔州（今重庆奉节）通判，后又到四川宣抚使王炎幕府参赞军务，入蜀之时，写下了《剑门道中遇微雨》：

衣上征尘杂酒痕，远游无处不销魂。

此身合是诗人未？细雨骑驴入剑门。

宋代都以为，杜甫、黄庭坚入蜀以后，诗歌都登峰造极，取得极大成就。至于"骑驴"，李白在华阴县骑驴，杜甫曾自承"骑驴三十载"，唐以后流传他们的骑驴图。另外，贾岛骑驴赋诗，唐昭宗时的宰相郑綮曾言"诗思在驴子上"，使得驴子成了诗人的专有坐骑。所以，陆游骑驴入蜀途中，自问究竟是不是诗人。

1175 年，陆游回成都任参议官，范成大以四川制置使的身份也来到成都。旧友异地相逢，常在一起饮酒酬唱。陆游原本豪放不羁，这时因抗金的抱负与个人事业均受挫折，借酒浇愁，放浪形骸，囚此被认为不拘礼法，被一些人讥讽为"颓放"。第二年，陆游被罢去知嘉州的职位，陆游索性自号"放翁"。

陆游六十一岁时，想起少年时要恢复中原，顿时"气涌如山"，写下《书愤》：

> 早岁那知世事艰，中原北望气如山。
>
> 楼船夜雪瓜州渡，铁马秋风大散关。
>
> 塞上长城空自许，镜中衰鬓已先斑。
>
> 《出师》一表真名世，千载谁堪伯仲间。

诸葛亮北伐六出祁山，"出师未捷身先死，长使英雄泪满襟"。陆游志在恢复中原，从无用武之地，一生壮志难酬，这首诗应是对诸葛亮深情致意。他的"《出师》一表真名世，千载谁堪伯仲间"，被认为是古今对诸葛亮的最高评价。

宋诗与唐诗最大的不同，是宋诗更富有哲理，如朱熹的"为有源头活水来"、苏轼的"春江水暖鸭先知"等。陆游的诗，除了报国雪耻恢复河山，也有闲适细腻、含有哲理的诗。(《红楼梦》中香菱初学诗就喜欢陆游的"重帘不卷留香久，古砚微凹聚墨多"，但这一句被林黛玉认为"浅近"。其实，这应该是曹雪芹看不上宋诗，就连晚唐的李商隐也只一句"留得残荷听雨声"能入雪芹之眼）。陆游的《游山西村》就是此类诗的代表：

> 莫笑农家腊酒浑，丰年留客足鸡豚。
> 山重水复疑无路，柳暗花明又一村。
> 箫鼓追随春社近，衣冠简朴古风存。
> 从今若许闲乘月，拄杖无时夜叩门。

钱锺书先生说，前人也曾描述过"山重水复疑无路，柳暗花明又一村"的景象，如王维《终南别业》"行到水穷处，坐看云起时"；柳宗元《袁家渴记》"舟行若穷，忽又无际"；卢纶《送吉中孚归楚州》"暗入无路山，心知有花处"；王安石《江上》"青山缭绕疑无路，忽见千帆隐映来"，但要到陆游这一联才把它写得"题无剩义"。

陆游《临安春雨初霁》，其中"小楼一夜听春雨，深巷明朝卖杏花"至今传唱。据说，这是陆游少年时所作，受到宋高宗赏识，实际上陆游作这首诗的时候已经六十二岁了。宋高宗是在称赏注里，引陈与义《怀天经智老因访之》的"杏花消息雨声中"，传说就将两件都讲杏花的诗和事混淆起来。另外，陆游的朋友王季夷《夜行船》词说"小窗人静，春在卖花声里"，意境相同。

1203 年，韩侂胄当权，为了提高自身的威望，他打算起用一批负有时誉的人物，北伐金国，建功立业。历史上，桓温北伐，第一次驻兵灞上，第二次收复洛阳，却于第三次北伐时在枋头落败，篡位之谋功亏一篑；刘裕北伐，灭南燕，破北魏，亡后秦，功成名就，卒移晋鼎。

这年夏天，韩侂胄起用曾经被自己大力排斥过的辛弃疾为浙江东路安抚使。第二年春天，陆游特地写了《送辛幼安殿撰造朝》送给辛弃疾，把他和管仲、萧何相比，希望他对受排挤、不得志的过往不必介怀，而要勇往直前，担当起克复中原的大业：

> 稼轩落笔凌鲍谢，退避声名称学稼。
> 十年高卧不出门，参透南宗牧牛话。
> ……

大材小用古所叹，管仲萧何实流亚。

……

辛弃疾在接到起用的诏命之后，表示"不以久闲为念，不以家事为怀，风采凛然，单车就道"。

韩侂胄取得社会舆论对北伐的支持，遂将北伐看得易如反掌，故不再任用辛弃疾等人，以"好色贪财"之名将刚任镇江知府的辛弃疾罢免。1206年，韩侂胄任命京洛招抚使郭倪总领北伐，出奇兵攻陷金国边境重镇泗州（今江苏盱眙北）。韩侂胄大喜，由宋宁宗昭告全国，誓师北伐,郭倪向以诸葛亮自居，打算"谈笑间樯橹灰飞烟灭"，建立不世奇功。出发前，他告诉管理后勤的官员:"木牛流马，则以烦公。"一派羽扇纶巾的潇洒。

宋军分四路北伐，大败。金国分九路渡过淮河追击，连陷十余州，直至真州（今江苏仪征），扬言渡江。郭倪大军崩溃，不禁泫然泪下，"对客泣数行"，被称为"此带汁诸葛亮也"。

1207年八月，辛弃疾赍志以没。

陆游《寄赵昌甫》:"君看幼安气如虎，一病遽以归荒墟。"

陆游晚年，为韩侂胄撰写《南园阅古泉记》，被当时的舆论讥讽。朱熹曾说："其能太高，迹太近，恐为有力者所牵挽，不得全其晚节。"史书说朱熹"盖有先见之明焉"，是指宋北伐失败，急于求和，金国要求必须先交出祸首。宋宁宗的皇后布下罗网，在韩侂胄入朝时将他杀掉，把人头送往金国首都中都（今北京），悬挂街头。曾经被韩侂胄严厉打击，一度列为"伪学"的道学家，纷纷返回京城。他们对陆游提出了道德上的指控，认为他依附韩侂胄，晚节不保。

陆游岂是依附权贵之人？只因北伐恢复中原是他一生的梦想。南宋苟安江南数十年，陆游已是八十岁的老翁，垂垂老矣，在此刻才见到一丝曙光。所以陆游才不避清议，与韩侂胄合作。至于道学家，"平日袖手谈心性，临了一死报君王"，又有何用？他们所推崇的人物，比如参与刺杀韩侂胄的史弥远和被太学生歌颂为"师相"的贾似道，后世评论如何？

韩侂胄北伐失败，同一年（1206年），金国藩属蒙古各部落，在斡难河集会，推选孛儿只斤部落酋长铁木真为大可汗，是为"成吉思汗"。

1210 年，陆游八十五岁的绝笔《示儿》：

死去元知万事空，但悲不见九州同。

王师北定中原日，家祭无忘告乃翁。

钱锺书先生评论说："这首悲壮的绝句最后一次把将断的气息又来说未完的心事和无穷的希望。"

我想，陆游合上双眼的时候，看见的应该是唐婉温柔的笑容吧？

陆游死后二十四年，宋背弃与金国的盟约，与蒙古合盟两路灭金。

刘克庄《端嘉杂诗》第四首：

不及生前见虏亡，放翁易箦愤堂堂。

遥知小陆羞时荐，定告王师入洛阳。

陆游死后六十六年，元灭宋。

林景熙《书陆放翁书卷后》：

青山一发愁濛濛，干戈况满天南东。

来孙却见九州同，家祭如何告乃翁？

佛经说人生有七种苦难：生、老、病、死、怨憎会、爱别离、求不得。陆游的一生充满了"求不得"：欲与唐婉"白首不相离"而被迫休妻；休妻以为在事业上有所作为，却得罪了秦桧；志在恢复河山而平生壮志百无一酬；死前仍愿北定中原，但……

九州同而宋亡。

放翁，放翁，你的五世孙家祭的时候如何告诉你？

靖康耻

北宋徽宗时期，徽宗赵佶任用蔡京为首的"六贼"，压榨百姓，花石纲更是使无数百姓家破人亡，天怒人怨。这时东北女真族的金国勃兴，北宋暗地与金国联盟，两路夹攻辽国。金国一路势如破竹，北宋却损兵折将，让金国看透了北宋的腐朽虚弱不堪一击。

好笑的是，北宋居然自起衅端，给予金国攻宋的借口。1125 年，金国两路伐宋，兵锋直指北宋首都汴京（今河南开封）。徽宗吓得昏倒，醒来后将皇位传给儿子赵桓，是为钦宗，改年号为"靖康"。徽宗跑路，直接逃到了镇江。

钦宗搜刮汴京城内的金银珠宝献给金军，承认割让北方中山、太原、河间三镇。金国退兵，太上皇徽宗回到汴京。喘息未定，金兵卷土重来，宋军虽饥寒交迫仍拼死守城。这时，有高人放出大招，遣出一位叫郭京的神仙，带领选拔出的七千七百七十七名刀枪不入的六丁六甲神兵，欲将金兵杀得片甲不留。郭京下令撤下全部守军，不准偷看，因为偷看会导致法术失灵。

大部分神兵冲出城门，被全歼。

怎么会这样？

不要紧，郭神仙说："这个必须是我亲自作法。"

郭神仙率领剩下的神兵，缒城而下，然后冲了出去，然后，头也不回地向南跑路。金兵猛攻，此时城上没有守军……

金军毫无阻拦攻入汴京，徽宗、钦宗以及后妃、皇子、公主等三千多人都成了俘虏，被押解北去。这件事情发生于靖康二年，即1126年闰十一月。

两位皇帝同时成为俘虏，这在中国历史上还是第一次，北宋覆亡的经过，即"靖康耻"。

两位皇帝"北狩"（北方打猎，是皇帝被俘隐晦的称谓），一路都有百姓跪在道旁，含泪目送。他们在三月二十九日渡过黄河，四月十四日抵达信安县，迎接他们的金国使者设宴招待。酒席宴上，一位金将拉钦宗的朱皇后陪酒唱歌，身为丈夫和公公的两位皇帝只能饮泣吞声，忍受羞辱。

他们在四月底到达了金国的新首都，就是现在的北京，跪在金国皇帝面前。金国的皇帝是开国皇帝完颜阿骨打的弟弟完颜吴乞买，完颜吴乞买表面赦免了两位皇帝俘虏，但却封徽宗赵佶为"昏德侯"，钦宗赵桓为"重昏侯"，然后摆下宴席欢庆，两位大宋皇帝站在金国皇帝完颜吴乞买旁边，拿着酒壶倒酒。

元朝潘纯《题岳武穆王坟二首》："不道帐前胡旋舞，有人行酒著青衣。"

宴席结束，他们被送到一间废置的府邸，软禁起来。几天后，体弱的朱皇后病死。

夏天，完颜吴乞买下令将徽宗夫妇和钦宗送到保定附近的徐水县，然后又长途跋涉，被押送到灵州（今宁夏银川），关押在一座又冷又暗的土牢里，一住就是几年。

新的命令又将他们迁移到更偏远的地方，在蒙古的沙漠地带。三人穿着单衣，风刀割面，每天跋涉六七十里。三位金枝玉叶几年奔波，早已又黑又瘦，不成人形，此时又冷又病，一路走来跌跌撞撞，押送他们的金兵连抬带拖，终于抵达那座荒凉的土城。

还没有结束，他们还有漫长的路要走。

金朝天会十四年，两位皇帝成为俘虏十一年的时候，金国皇帝命令他们再次上路，向东步行千里。这一次的目的地是遥远寒冷的五国城，位于现在的哈尔滨东北约两百里的依兰县。

他们三人离开土城，横穿了华北大漠，走了几个月终于到达东北。路上，赵桓的母亲郑太后生病，赵桓不时要背负着她在沙漠里跋涉。走到黑龙江省的一片树林里，郑太后归天，押送的士兵以刀掘坑，荒郊野岭没有棺木（即使有只怕也不会让她用），只能以身上的衣服裹起来埋在坑里。

亲人身死异国他乡，身为俘虏的两位大宋皇帝在寒风中哀号，人间惨事。

几天后，父子二人到达五国城。当时的五国城，是一座荒废的土城，住了几十户土著居民。他们被关押在一间冰冷的小土屋里，赵佶伤心过度，不久就一目失明。

两年后，金国新皇帝命令他们再向北迁移，地点在五百里外的均州，他们在均州居住的地方，仍然是一个土炕。泥地潮湿阴冷，见不到阳光，他们在这样恶劣的环境中又苦挨了几年。

北宋皇族几乎被金国一网打尽的时候，赵佶的第九个儿子赵构侥幸漏网。他本来是被钦宗派去河北与金军求和的，还在河南的时候，金军骑兵已经从另一路南下直扑宋国首都汴京。赵构就在河南招兵买马，召集军阀、流民各色人等组成了八万人的勤王部队。他们在外围与金兵打了几仗，始终不敢与金兵主力交战，赵构甚至将自己的指挥部迁移到较为安全的山东。

赵构听到了汴京陷落，自己的父亲、兄长以及其他皇族均被押解北上的消息后，于1127年五月在南京（今河南商丘）称帝，是为宋高宗。

即位不久，金兵南侵，赵构逃亡，一路跑到杭州。两年后金兵再次南侵，赵构甚至一度亡命于海上。金兵出海追击三百里，被宋军一支水师袭击，赵构才得以活命。

这年二月，十万金兵回师，却在镇江附近，被韩世忠率八千人阻击，就是著名的黄天荡之战。韩世忠夫人梁红玉亲自擂鼓助战，金兵大败，被困四十八天，侥幸脱困，狼狈不堪。

1140年，岳飞领兵抵达河南郾城，金兵由完颜宗弼（金兀术）率领，完颜宗弼祭出纵横天下的"拐子马"，三匹重甲战马联结在一起，马上骑士裹以重铠，刀箭难伤，六百个"拐子马"冲锋起来，直是惊天动地。岳家军以步兵伏地，手握麻札刀，以一人之命换马足一只，一匹马马足被砍断，整个"拐子马"就倒地。金兵崩溃，完颜宗弼恸哭："自海上起兵，皆以此胜，今已矣。"领残兵败退。岳飞尾追，抵达距离汴京四十里的朱仙镇，意气风发："直抵黄龙府，与诸君痛饮尔！"

岳飞似乎看到一雪"靖康耻"的希望。

远在五国城的赵佶，却早在1135年已走到了生命的尽头。他在天寒地冻的严冬，十几天不能吃东西，只能喝水。赵桓拔了一些土炕边长的茶脑子给赵佶吃，刚一入口，赵佶就腹痛难忍，蹲了下来，随即气绝，年五十四岁。

据《宣和遗事》记载，赵桓见到父亲蹲着死在土炕，惨不忍睹，放声大哭。他边哭边问看守他们的人如何安葬父亲。这时，听到消息的地方官已经带着六七个当地土著居民赶来，进到土炕，用几根木棍，把赵佶僵硬的尸体架起来就走。赵桓大哭，跟着这些人走到一个石坑前。这些人在坑边用木头搭个架子，把赵佶的尸体丢在架子上，堆上野草枯枝。

原来当地民俗，死人从不埋葬，而是以火烧尸。在烧到一半的时候，就用木棍将已经烧得皮开肉绽的尸体打烂，丢弃在石坑里，任其腐烂成泥。当地人即以这些尸油脂肪，作为灯油。

赵佶的尸身烧得焦烂时，有人用水把火浇灭，以一根木棍插到尸体中间，拉起来扔到石坑里。

这位二十二岁就创出了独步天下的瘦金体，书画双绝，中国历史上最具才情的皇帝，就这样饱受屈辱后悲惨地死去，令人恻然。

赵桓又惊又悲，只有凄惨哀号，哭得瘫在地上。他忽然挣扎着爬起来，也想要跳进石坑，却被当地人拉住了。

不是为了救他。

因为当地传说，如果活人跳到坑中死了，坑里的烂泥就会变清，就不能再拿来做灯油用了。

徽宗赵佶在被押解途中，曾在一所驿站墙壁上题了一首诗：

彻夜西风撼破扉，萧条孤馆一灯微。

家山回首三千里，目断山南无燕飞。

取得"郾城大捷"，时刻不忘"迎还二帝"的岳飞，被宋高宗赵构连发十二面金牌召回，并且其他各路与岳飞同时进兵的部队，都已撤回。岳飞成了孤军，无奈之下，只得退兵。他对拦在马前恳求不要撤兵的父老说："十年之力，废于一旦！"

1142年，岳飞被以"莫须有"的罪名，杀害于临安风波亭监狱。"莫须有"，千古冤狱，闻者发指。

1142年，宋金达成和议。金国送回徽宗赵佶的棺木（空棺），赵构在金兵大营做浣洗的母亲韦太后，也被一并送回。

钦宗赵桓尚抱有一丝希望，直到宋国来的使臣，只是奉旨迎回徽宗赵佶的棺木，对他则一字不提。赵桓万念俱灰，拉着韦太后的裙裾："当语九哥，吾南归，但为太乙宫主足矣，他无望也。"你告诉九弟，只要让我回去，我只要出家做道士就满足了。

怎么会让你回去呢？几百年后，明朝"土木堡之变"，英宗被瓦剌抓了俘虏，明朝大臣拥立英宗的弟弟做皇帝，为景泰帝。后来瓦剌放英宗回国，景泰帝软禁了英宗。英宗趁景泰帝病重，发动"夺门之变"，重新做了皇帝。

1156年，赵桓被当时的金国皇帝完颜亮下令押回中都（现在的北京），跟辽国被俘的皇帝天祚帝耶律延禧一同关在一座寺庙里。一天，金国将领比赛马球，完颜亮命令这两个皇帝俘虏参加。赵桓不大会骑马，从马上跌了下来，被践踏而死；耶律延禧企图逃出去，被乱箭射死。

"靖康耻"，因为岳飞的《满江红》有"靖康耻，犹未雪"之故。但既然是耻，就是本不应当发生。1126年金兵进攻的时候，兵力不过六万。北宋各地勤王之师，号称二十余万。只是朝中皇帝大臣，在和战之间徘徊，以至于人心瓦解。如果像东晋的谢安镇之以静，怎会有如此奇耻大辱？"土木堡之变"后的明朝，面临的局面几乎与北宋靖康年间相同，不同的是，明朝有个于谦。他说："京师天下根本，一动则大事去矣，独不见宋南渡事乎！"明朝上下一心，于谦指挥了北京保卫战，打退了瓦剌的进攻，保住了明朝的江山。

回顾北宋与北方邻国的历史，辽国与北宋达成"澶渊之盟"后，两国百年未发生大的战争。北宋听说金国女真崛起，派人渡过渤海，与金国达成密约。陈寅恪先生有诗云："谁缔宣和海上盟，燕云得失涕纵横。"

北宋背弃与辽国的盟约，与金国两路夹攻辽国。辽国大惊，遣韩昉晋见北宋领兵的主帅太监童贯，痛陈利害，表示愿意降为藩属。童贯拒绝，韩昉大哭："辽宋结好百年，誓书具存。汝能欺国，独能欺天邪？"

宋军二十万大军猛攻，辽国一万铁骑冲出，宋军大败。金国也吃了一惊：没想到宋军如此孱弱！

金国看到北宋不能完成双方会师古北口的约定，只能代宋军完成任务。金国南下进攻燕京，曾经蹂躏北宋二十万大军的辽军，在金国的打击下一触即溃，燕京被攻下。

北宋依然要求按照约定，收回燕云十六州。金人失笑：根本就没能完成约定的任务，居然如此厚颜无耻。但是金国贪图北宋的进贡，愿意将山前七州（太行山以东）交给宋国，但是燕京是金国攻陷，所以燕京的赋税应该归金国所有。

使者回报，徽宗赵佶一口答应。双方重新签约：山前七州归北宋；北宋每年向金国进贡银二十万两，绸缎二十万匹，另有燕京赋税一百万贯；双方不准招降纳叛；北宋一次性给金国军粮二十万石。

交割时，金国称北宋表示只要土地，所以将燕京居民全部掳走，只留下一座空城。

徽宗不管这些，他忙着庆贺收回燕云，告慰祖先。

1123年五月，辽国在河北平州的留守张觉向北宋投降，赵佶接受。

他违约了。

金国一举夺回平州，张觉逃入北宋。金国施压，赵佶杀张觉，将人头送还，此举使辽国投降的人寒心。金兵进攻的时候，防守燕京的军队叛变，金兵乘胜长驱直入。

宋钦宗赵桓承认割让北方中山、太原、河间三镇，金军主帅完颜斡离不撤兵。

钦宗赵桓写信给辽国投降金国的大将耶律余睹，请其发动政变；又写信给原辽国大将，辽国灭亡后在西域建立西辽的耶律大石，对自己背约致歉，并请求对金国两路夹攻。

令人目瞪口呆的是，赵桓将写给耶律余睹的信，交给金国派到汴京催促欠款的使节萧仲恭，用重金贿赂萧仲恭，将信转交耶律余绪。萧仲恭一回到金国立刻举报，而赵桓派往西域的使节，也被抓住。

金兵以此为借口二次南下，北宋和战之议未定，竟有神仙助阵，真是意外之喜。其实，这种喜事还很多，清末的时候还有义和团。

1233年，蒙古与南宋签订盟约：南宋收回淮河以南被金国强占的土地，南宋给蒙古供应粮秣；南宋与蒙古，仍以淮河为界。

蒙古与南宋两路夹攻金国，金哀帝完颜守绪自缢而死，并令人焚尸。宋将孟珙将金哀帝一部分烧焦的骨骼带回临安，举国欢腾。南宋官员羞辱金国被俘的参知政事张天纲，张天纲问："国之兴亡，何代无之。我金之亡，比汝二帝何如？"

历史重演，蒙古伐宋。南宋祭出自己的绝技：两路夹攻。可是，蒙古有四个汗国，从今天的俄罗斯到伊拉克，西至多瑙河畔，都属于蒙古。

那一路盟军，你在哪里？

岳飞《满江红》：

怒发冲冠，凭栏处，潇潇雨歇。

抬望眼，仰天长啸，壮怀激烈。

三十功名尘与土，八千里路云和月。

莫等闲、白了少年头，空悲切。

靖康耻，犹未雪。

臣子恨，何时灭！

驾长车，踏破贺兰山缺。

壮志饥餐胡虏肉，笑谈渴饮匈奴血。

待从头、收拾旧山河，朝天阙。

亡国之君

《靖康耻》一文，记叙了中国历史上最具才情的皇帝宋徽宗赵佶的死亡，另外还有一位君主，才情不逊于赵佶，死得也很惨，就是南唐后主李煜。

李煜的词作，如"流水落花春去也，天上人间"，"问君能有几多愁，恰似一江春水向东流"，传诵至今。传说张恨水的名字就取自"自是人生长恨水长东"。

为什么称李煜为君主而不是皇帝？因为李煜的父亲李璟在位时，后周世宗柴荣雄才大略，迫使南唐尽割江北土地，废除帝号而改称"国主"。所以李璟就是南唐中主，李煜是南唐后主。

李璟也是一位著名词人。宰相冯延巳有词"风乍起，吹皱一池春水"，李璟戏问："'吹皱一池春水'，干卿何事？"冯延巳答："未若陛下'小楼吹彻玉笙寒'。"李璟大悦。

王国维在《人间词话》中对李煜推崇备至："词至李后主，眼界始大，感慨遂深，变伶工之词而为士大夫之词。"这样的变化，其实与李煜自身经历有关。他从一国之君沦为阶下囚，真是"国家不幸诗家幸"。

王国维又说："后主俨然有释迦基督担荷人类罪恶之意。"叶嘉莹先生认为，是指李煜的词以个人感受写尽了世上人类所有的悲苦。

但是，正因为词作中总是怀念故国，所以宋太宗赵光义赐李煜牵机毒药，"牵机药者，服之前却数十回，头足相就如牵机状也"。剧痛使身体曲如弓状，头和脚不停碰在一起，受尽折磨而死。

对待一位投降的国君，手无缚鸡之力，只会填词作曲，怀念故国而已，何必杀他？杀就杀了，何必折磨至此？赵光义以为自己的子孙不会成为亡国之君吗？

其实，从东汉到西晋，新君对待亡国之君，相对还是比较宽容的。220年，曹丕逼迫汉献帝刘协禅让，建立曹魏，贬刘协为山阳公，但位在诸侯王之上。过了十四年，刘协去世。

四十六年后（265年），历史重演。司马昭的儿子司马炎，逼迫曹奂禅让，取代曹魏建立晋室，封曹奂为陈留王，曹奂在五十八岁时去世。

三国归晋，蜀后主刘禅自缚乘骡诣邓艾。同为蜀帝，陆游赞扬王莽时期的"白帝"公孙述死于社稷，而贬斥刘禅乘骡投降，所以陆游有诗："上陈跃马壮，下斥乘骡昏。"

至于东吴皇帝孙皓，"凶暴骄矜"，在吴国作威作福，以酷刑杀人无数，还幻想"庚子年，青盖入洛阳"，统一全国。结果"王濬楼船下益州"，孙皓只能"泥头面缚"而降，皇帝用的青盖确实在庚子年（280年）入了洛阳，却不是一统天下，而是成为亡国之君。据说晋武帝司马炎给孙皓下座，对他说："朕设此座待卿久矣。"孙皓说："臣在南方亦设此座以待陛下。"相比"扶不起的阿斗"留下的"乐不思蜀"的笑话，似乎孙皓要硬气多了。

其实，仔细想一想，刘禅真的是白痴吗？亡国之君，保命要紧。在一代枭雄司马昭面前，刘禅如果表现出自己的聪明才智，还有活路吗？司马昭令人作故蜀技，就是为了观察刘禅的反应，是否还怀念故国。刘禅"喜笑自若"，并说"此间乐，不思蜀"，司马昭感慨："人之无情，乃可至于是乎！虽使诸葛亮在，不能辅之久全，而况姜维邪！"

在大臣郤正教刘禅"先人陵墓远在陇蜀，乃心西悲，无日不思"的时候，刘禅应该很清楚，自己和郤正的一举一动，都逃不过司马昭的眼睛。所以司马昭再次相问时，刘禅索性按照郤正所教的回答，还闭上眼睛努力挤眼泪。

司马昭得意地问："何乃似郤正语邪！"刘禅惊视曰："诚如遵命。"左右皆笑，司马昭可能笑得最厉害。刘禅面上一副痴呆状，心里则知道自己保住了性命。

孙皓被封为"归命侯"，在三国归晋四年后，也就是 284 年去世，年四十二岁；刘禅被封为"安乐公"，于 271 年去世，年六十四岁。

司马昭、司马炎对待三国的亡国之君算是大度，但是他们的子孙就没有这样的好运气。西晋末年，"八王之乱"后继而"五胡乱华"。匈奴刘渊崛起，自称是刘禅之后，追尊刘禅为孝怀皇帝，自称"汉王"，建立汉国（后改为赵，史称"汉赵"，又称"前赵"）。

永嘉五年（311 年），刘渊之子刘聪攻入洛阳，晋怀帝司马炽被俘，史称"永嘉之祸"。两年后，刘聪大宴群臣，命晋怀帝行酒，就是做斟酒的仆人。结果有晋室旧臣号哭，刘聪反感，毒死晋怀帝，年三十岁。

晋怀帝遇害之后，他的侄子司马邺在长安即位，就是晋愍帝。316 年，刘聪派刘曜进攻长安，俘虏晋愍帝。在刘聪打猎的时候，让晋愍帝手握戟矛，作为狩猎队的前导开路小兵；宴会的时候行酒、洗杯子；刘聪上厕所时，晋愍帝拿马桶盖。晋臣多失声痛哭。318 年，愍帝被杀，年十八岁。

西晋两位皇帝的悲惨遭遇，普遍被认为由于汉赵是匈奴，非我族类，缺少教化。另外，很多人以正统论而言，认为"五胡十六国"没有一个统一的朝代。

真正破坏了不杀前朝皇族规矩的，应该是南北朝时期取代东晋建立刘宋的刘裕。刘裕也许因为自己出身寒微而不自信，所以 419 年即位后，杀害了禅位于他的晋恭帝司马德文，开了一个恶例。"宋受晋终，马氏遂为废姓；齐受宋禅，刘宗尽见诛夷。"

这样的一个恶例，不仅报应到自己家，甚至一直被沿用到五代以后。刘宋最后一个皇帝宋顺帝刘準，在禅位于权臣萧道成后被杀，临死时说："愿生生世世，再不生在帝王家！"他只有十一岁。

其实，在二十年前已经有人说了同样的话。刘宋废帝刘子业杀十岁的新安王刘子鸾，刘子鸾焚香礼佛："愿后身不复生王家！"

589年，隋灭陈，混一南北，一统分裂了三百年的中国。

隋文帝杨坚封陈后主陈叔宝为三品，常常邀请他宴饮，又怕他伤心，不让演奏江南音乐。谁料陈叔宝竟然表示自己身无铁位，入朝时不方便，想得到一个官号。杨坚叹息："叔宝全无心肝。"

杨坚被很多西方学者认为是最伟大的中国皇帝，以猜忍闻名，突厥人称为"圣人可汗"。在他手下讨生活可不容易，杨坚常常命人以贿赂引诱手下的官员，官员中计者必死。

隋朝天下得自北周宇文氏，杨坚的女儿是周宣帝的皇后。杨坚掌权，大杀宇文皇族，包括九岁的周静帝在内（从辈分上讲是杨坚的外孙），五十九个皇子皇孙均遭惨死，成千上万的凤子龙孙人头落地，正应了北周初期的谚谣："白杨树头金鸡鸣，只有阿舅无外甥。"

叔宝能作出《玉树后庭花》，怎么看也不是一个白痴皇帝，他能够使杨坚认为"全无心肝"，也许是叔宝性格使然，也许是不得不然。

杨坚的儿子隋炀帝杨广被弑时，他的三个儿子中一个早死，另外两个与炀帝一起被杀。杀炀帝的人恰好姓宇文，虽与北周皇族同姓不同宗，但也令人感慨冥冥之中似有天意。

907年，唐朝最后一位皇帝唐哀宗禅位于朱全忠（朱温），朱全忠建国号为大梁，史称"后梁"，是为五代之始。第二年，唐哀宗就被毒死。

五代末期的后周，周世宗柴荣可称英主，但是天不假年，在北伐契丹时病故，留下七岁的周恭帝柴宗训。两个月后，赵匡胤在陈桥驿黄袍加身，夺了后周天下，封柴宗训为郑王。柴宗训十三年后病死，有传说是为赵匡胤所害，但是赵匡胤留给后世子孙的祖训，第一条就是善待柴氏子孙，我们似乎不必怀疑他的坦白。

其余两条是不杀大臣和用读书人。新皇即位，就让一个不识字的小太监领到碑前，新皇就知道祖训内容。所以，相对而言，宋朝皇帝对待大臣比较宽容，但宋高宗赵构就比较狠，杀了岳飞。

北宋和辽、金亡国之君的悲惨结局，已在《靖康耻》一文中介绍过，不再赘述。

南宋的最后一个皇帝赵昺，是在广东崖山，宋军与元军作战崩溃后，由丞相陆秀夫背负投海殉国，他只有七岁。

元末朱元璋起兵，1368年派徐达率军北伐。元朝最后一个皇帝妥懽帖睦尔采取了一个史无前例的做法：他既不死于社稷，也不禅让皇位给新朝皇帝，只是打开了城门北奔，逃回到他祖先所来的草原中去。明朝认为他在国破家亡前夕，不背城一战，反而逃窜漠北，是顺应天命，所以称他为"元顺帝"。

两年后，元顺帝因痢疾死于应昌（今内蒙古多伦北）。

大家都知道明末崇祯皇帝吊死煤山，留下"任贼分裂朕尸，勿伤百姓一人"的遗书，算是死于社稷。其实，他想逃跑来着，只是没有跑成。

李自成攻进北京城，崇祯想趁着天还没有亮逃跑。他抛下妻子儿女，手提当时最先进的武器三眼枪，带着十几个太监，这些太监都手持利斧。他们跑到东华门，守门的太监用弓箭阻拦；又跑到齐化门，那里的守将是崇祯最信任的朱纯臣，朱纯臣下令不准开门；再走安定门，那里的守军早已溃散，城门紧闭，太监用利斧也无法劈开。没奈何，走投无路的崇祯只能自缢。

崇祯殉国之际，"长平公主牵衣哭，帝曰何故生我家，以剑挥斫之，断左臂"。

南明的永历帝，清军入关后，他在西南山区逃亡。云贵高原山峦起伏，几乎与世隔绝。清政府在扬州与嘉定事件后，也畏惧西南气候，希望与永历帝议和，互不侵犯。吴三桂反对，并主动请缨。清政府迟疑了很久才接受吴三桂的建议，永历帝遂死于吴三桂之手。

清末宣统退位，中华民国建立，袁世凯为大总统。总有人说袁世凯是奸雄、两面派，欺负爱新觉罗家的孤儿寡母，篡夺辛亥革命果实。但是，很少有人注意到这次改朝换代没有流血，历史上是比较特殊的一例。

最具喜感的亡国之君，应该是五代十国时期，与南唐并列十国的"南汉"。南汉最后一位国君刘鋹，以残忍猜忌著称。他只信任宦官，认为宦官没有家室之累，会全心全意效忠。所以臣民中了进士、状元，只有"金榜题名时"，永无"洞房花烛夜"，当然，为了做高官，自愿"引刀自宫"的不乏其人。

在北宋大军势如破竹攻来时，刘鋹准备了十几艘大船，满载金银珠宝和嫔妃，打算逃亡入海。等到他跑路的时候，却怎么也找不到这十几艘船，原来是他最信任的宦官和侍卫，扔下他开船跑了，刘鋹只好投降。

不过相比李煜，他算是得了一个善终。

那些"儿媳妇"

历史上有很多著名的"儿媳妇"。比如杨玉环，本来是唐玄宗李隆基的儿媳、寿王李瑁之妻，后来被唐玄宗看上，先让她出家做女道士，然后"册太真妃杨氏为贵妃"，就成为李隆基的杨贵妃。

与唐玄宗纳自己的儿媳妇为妃相反，唐高宗李治将武则天纳入后宫，是娶了自己的小妈。武则天本来是唐太宗李世民的才人，就是身份较低的妾。李世民驾崩后，武则天被发到感业寺出家为尼，邂逅李治，之后一步步从李治的昭仪、宸妃而至皇后，若干年后更进一步"革唐命"，成为则天皇帝。

还有一些人，本来是为自己儿子娶亲，后来自己成了新郎。春秋时期，楚平王为太子建聘秦女孟嬴为夫人，命费无极到秦国迎亲。费无极发现孟嬴貌美，等孟嬴到了楚国郢都，费无极劝楚平王自娶。平王好色，娶孟嬴为夫人。

楚平王后来杀大臣伍奢，伍奢之子伍员逃亡吴国，若干年后带兵杀回郢都。时楚平王已死，伍员掘墓鞭尸。

伍员就是伍子胥。

唐代诗人元稹有诗《楚歌》：

> 平王渐昏惑，无极转承恩。
> 子建犹相贰，伍奢安得存？
> 生居宫雉闳，死葬寝园尊。
> 岂料奔吴士，鞭尸郢市门！

西夏的开国皇帝李元昊，给自己的儿子宁令哥娶妻，见其美色，自娶为妃，号"新皇后"。宁令哥怀恨在心，进宫刺杀李元昊。李元昊被削去鼻子后死去，宁令哥也被杀。

这是主动娶自己儿媳的，还有被动的。

北齐神武帝高欢，在为东魏渤海王时，适逢柔然势大，准备与西魏联合攻击东魏。高欢深为忧虑，为自己的世子高澄向柔然可汗求亲，柔然可汗回复："高王自娶则可。"高欢不敢得罪柔然，遂娶柔然公主。柔然可汗命自己的弟弟秃突佳护送公主，"待见外孙乃归"，让他等到生下外孙再回来。公主性情严毅，终生不说汉语。有一次，高欢患病，不能到公主那儿，秃突佳大发雷霆，高欢只得扶病上车，前往公主住处。

这是老爹娶了本应是自己儿媳的，还有反过来的。

《世说新语·惑溺》记载：魏甄后惠而有色，先为袁熙妻，甚获宠。曹公之屠邺也，令疾召甄，左右曰："五官中郎将已将去。"公曰："今年破贼，正为奴！"

曹魏魏文帝曹丕的皇后甄氏（据说叫甄宓，另一说为甄洛），既聪明又有姿色，她原来是袁绍的儿子袁熙之妻，很受宠爱。曹操攻破邺城（事在 204 年）后屠城，"令疾召甄"，下令迅速召见甄氏。左右侍从报告说："五官中郎将已经把她带走了。"曹操说："今年打败袁贼，正是为了她！"

五官中郎将就是曹丕。曹操喜爱人妻，众所皆知。宛城战张绣，张绣本已投降，曹操却偷偷将张绣的婶母召入营中，使得张绣反，长子曹昂、大将典韦均死于乱军之中；据说南征孙权，也对大乔、小乔有意。"令疾召甄"，可见其对甄氏垂涎已久。

据说曹丕见甄氏以巾拭面，美貌绝伦，因而神魂颠倒。后世汤显祖有诗《咏懊恼事》：

> 河北拭甄面，江东泣丽尸。
> 山川半流血，此劫为胭脂。

"泣丽尸"指的是南北朝时，南陈后主的宠妃张丽华，在隋军攻入京城时被杀。

孔融听说，就给曹操写信，说武王伐纣，以妲己赐周公。曹操不明白，问出于何典，孔融说："以今度之，想当然耳。"

不久，曹操寻隙，杀了孔融。

甄氏有多美？据说，曹丕与文士饮宴，喝高了，竟让甄氏出见，众文士都不敢抬头，只有"建安七子"之一的刘祯不肯错过大好机会，"平视"。曹操听说后，要治刘祯"不敬"之罪，后"减死输作"，去做苦工。

220年，曹丕在繁阳（今河南临颍西北）逼迫汉献帝禅位于己，成为魏文帝，后定都洛阳。甄氏因色衰爱弛，被留在邺城，大失所望之下口出怨言。正受曹丕宠爱的郭贵人，趁机诬陷甄氏，说她生下的儿子曹叡不是曹丕亲生，而是袁熙的儿子。

曹丕暴跳如雷，亲赴邺城查证。甄氏大哭，质问曹丕污蔑自己倒也罢了，何忍糟蹋自己亲生骨肉（曹叡当年已十六岁）。即使如此，曹丕仍赐甄氏毒酒，赐死。

甄氏死后，郭贵人下令将甄氏"以发覆面，以糠塞口"下葬，这是害怕甄氏到阴曹地府告状，所以要让她的魂魄既见不得人，又无处说理。

222年，曹丕擢升郭贵人为皇后。郭皇后无子，曹丕令其抚养曹叡。因为甄氏之死，曹丕迟迟没有指定曹叡为继承人。曹叡侍奉郭皇后十分恭谨，郭皇后也十分钟爱曹叡。

有一次曹丕围猎，曹叡遇到一只母鹿带着小鹿，曹丕一箭将母鹿射死，令曹叡射小鹿。曹叡泣曰："陛下已杀其母，臣不忍复杀其子。"曹丕放下弓箭，"为之恻然"。

226年，曹丕病危，立曹叡为太子。曹丕去世后，曹叡继位，为魏明帝，追尊甄氏为"文昭皇后"。

230年，曹叡将甄氏改葬邺城朝阳陵。

事实终究难以长久隐瞒，曹叡还是知道了真相。他问现在的郭太后，自己的母亲死的时候，"以发覆面，以糠塞口"，是否为郭太后之意？郭太后大惊，一口咬定是有人离间她和曹叡母子之情，并要求曹叡开馆验看。

她料定曹叡绝不会打开母亲的棺椁，却不想曹叡已有人证。郭太后惊恐之下，只得咬定此事系曹丕所为，与己无关，并质问曹叡身为人子，难道要仇视父亲，害死继母？

曹叡不为所动，派人逼迫郭太后饮下毒酒，与当年甄氏喝下的毒酒相同，下葬时将郭太后"以发覆面，以糠塞口"。

甄氏有知，必含笑九泉。

才高八斗的曹子建，据说喜欢自己的嫂子，终不可得。甄氏死后，曹植入朝觐见曹丕，曹丕拿出甄氏曾经用过的金缕玉带枕给他看。物在人亡，曹植睹物思人，悲伤不已。后来，曹叡将枕头送给曹植，曹植返回封地的路上，梦见甄氏与其幽会，写下《洛神赋》。

传说而已，必不为真。但是，"翩若惊鸿，婉如游龙"、"凌波微步，罗袜生尘"，千古名句，似可一窥洛神风姿。

李商隐《无题》：

> 贾氏窥帘韩掾少，宓妃留枕魏王才。
> 春心莫共花争发，一寸相思一寸灰。

五代时期,覆亡了唐朝的后梁太祖朱全忠（朱温）以好杀好色著称。在唐昭宗时期，邠州节度使杨崇本以妻子为人质，向朱全忠投降。朱全忠多次奸淫杨妻，杨崇本复起兵叛朱全忠。洛阳尹张全义曾被朱全忠解救，朱全忠亲临张家，遍淫张全义妻女和儿媳。

朱全忠称帝后，几个儿子均领兵在外。朱全忠常召儿媳们入宫侍奉，"往往乱之"。朱全忠养子朱友文之妻王氏"色美"，朱全忠尤其宠爱，虽然没有立朱友文为太子，但却觉得他是继承帝位的最佳人选，朱全忠的次子朱友珪心中愤愤不平。朱友珪曾经犯错，朱全忠鞭打过他，朱友珪越发不自安。

朱全忠病重，命王氏到东都大梁（今河南开封）召朱友文来西都洛阳，打算与其诀别，并托付后事。朱友珪的妻子张氏也日夜在朱温身边服侍，听到这个消息，张氏秘密告诉朱友珪："大家以传国宝付王氏怀往东都，吾属死无日矣。"皇上把传国玉玺交给王氏带往东都，我们不知道能活到哪一天！夫妻相对流泪。左右劝道："事急生计，何不改图，时不可失！"

朱全忠外放朱友珪为莱州刺史，立刻启程。已经传话下去，只是未发诏书。当时外放，隐藏杀机。很多官员上路后，就会遭到追杀，所以朱友珪更加惊恐，决定立刻行动。

朱友珪改穿平民衣服，偷入左龙虎军，见统将韩勍。韩勍亲见众多功臣宿将，都因小过被朱全忠斩杀，生怕有朝一日大祸临头，自己也死于非命，故"相与合谋"。韩勍派五百牙兵，与朱友珪的控鹤士一起进入皇宫埋伏。

深夜，他们砍开寝宫大门，直奔朱全忠寝殿，"侍疾者皆散走"。

朱全忠惊起，问："反者为谁？"朱友珪说："非他人也。"朱全忠恨恨地说："我固疑此贼，恨不早杀之。汝悖逆如此，天地岂容汝乎！"朱友珪说："老贼万段！"

朱友珪的仆从冯廷谔用刀直刺进朱全忠的肚子，

因为用力过猛，刀尖从朱全忠的后背穿出。朱友珪亲自用一条破毡裹住尸体，就在寝殿挖坑埋下，秘不发丧。他立刻派人驰往东都大梁，命朱全忠的三子朱友贞杀朱友文。

使者从大梁返回，报朱友文已死，朱友珪才为朱全忠发丧，继承帝位。

朱友贞联结朝中将领，令他们进攻皇宫。朱友珪闻变，带妻子和仆从冯廷谔逃跑，但四周被围得水泄不通，朱友珪将刀交给冯廷谔，让他先杀自己的妻子，再杀自己，冯廷谔照办后自杀。

十年后，后唐沙陀军攻入大梁，后梁末帝朱友贞令禁军将领皇甫麟杀掉自己，皇甫麟照办后自杀。

五代时期，割据一方的势力多有不臣之心。后汉中书令、使相李守贞，盘踞河中，野心勃勃。其子李崇训，娶妻符氏，为名将符彦卿之女。有相面者见符氏，为大富大贵之相，将来必为皇后。李守贞大喜："吾妇犹母天下，况我乎！"我的儿媳都当皇后，何况是我！所以益发坚定了造反之心。

李守贞招降纳叛，豢养死士，修筑城池，日夜不停。又秘密派人从小路前往辽国联络，但屡次被查获。

948年，李守贞自称秦王，率军造反。后汉隐帝刘承祐，派大将郭威为西面军前招慰安抚使，节制各路人马。经过苦战，郭威率军攻入河中，李守贞纵火自焚而死。李崇训亲自杀掉自己的弟弟妹妹，准备再杀符氏。符氏逃到帷帐底下躲藏，李崇训仓促之间找不到符氏，自刎而死。

郭威大军杀入，符氏安坐堂上，叱责乱兵道："吾父与郭公为昆弟，汝曹勿无礼！"我老爸符彦卿与郭威是结拜兄弟，你们不得无礼！郭威派人把符氏送还给符彦卿。后郭威镇守澶州，命自己妻子柴氏的侄子柴荣，娶符氏为妻。

后汉隐帝刘承祐猜忌诸大臣，派人去杀郭威，同时其手下平卢节度使刘铢将郭威留在京城的全家老幼全部虐杀，"婴孺无免者"。郭威起兵，杀隐帝，并在赵匡胤之前数年上演"黄袍加身"一幕，建立后周。郭威称帝，为后周太祖。

郭威本人的子侄均被杀，只有柴荣随同郭威征战而幸免于难。虽然只是郭威内侄，但柴荣从小即被郭威收为养子，情逾亲生，加之郭威再无后代，柴荣即为唯一的继承人。

过了几年，郭威去世。柴荣登基为帝，是为周世宗，封符氏为皇后。

算得真准！

上下游对战争的影响

在我国的历史上，南北之间几次大的战争，基本上都是围绕着长江展开，我们可以浅作分析，一探得失。

赤壁之战

208 年，曹操基本统一北方后，率二十万大军，号称八十万，发动赤壁之战。当时四川是刘璋的地盘，但曹操已经取得了荆州，自可对下游的孙权集团发起荆州战役。孙权派周瑜率军三万人，与刘备、刘琦的一万人组成联军迎战，由周瑜指挥。曹操从湖北江陵顺流而下，双方在赤壁（今湖北赤壁西北，一说今嘉鱼东北）一带大战。联军大破曹军，迫使曹操退回中原，从此决定了南北相持的局面。

苏东坡《念奴娇·赤壁怀古》：

遥想公瑾当年，小乔初嫁了，雄姿英发。
羽扇纶巾，谈笑间，樯橹灰飞烟灭。

夷陵之战

赤壁之战后，孙刘两家围绕荆州纠纷四起。关羽攻樊城，给了孙权可乘之机，从关羽攻樊城至其授首，首尾仅半年时间。之后刘备发动夷陵之战，奇怪的是蜀军并未从水路进攻，而是兵出三峡，占领巫、秭归，直到夷陵猇亭。蜀军全无哀兵姿态，看来刘备并没有为弟报仇殊死一战的决心。钱振锽分析："长江上流建瓴之势，舫船载卒，不费汗马之劳。先主有上游之势而不用，舍船就步，吾不得其说也。"故钱振锽问："此岂报仇雪恨之师哉？正孙子所谓縻军，非忿兵也。"所谓縻军，见《孙子·谋攻》："不知军之不可以进而谓之进，不知军之不可以退而谓之退，是谓縻军。"所谓忿兵，见《汉书·魏相传》："争恨小故，不忍愤怒者，谓之忿兵。"

历史上真实的刘备，"数反复难养"且屡战屡败，甚至一度到了看见曹操大旗转身就逃的地步，以前还可以归结为刘备兵力不足。陆逊曾说刘备"前后行军，多败少成"，至其入蜀，陆逊才将刘备视为强敌，但夷陵之战，陆逊使这个"强敌"全军覆没。

北方诸人历来轻视南方将领，刘备一生不是曹操对手，但认为自己与孙权角逐可占优势。他本来认为江东不足虑，但从出兵的实际情况看，刘备胆略仍显不足。

《黄权传》记载黄权在出征前劝阻刘备，有"水军顺流，进易退难"的话。指出顺流而下将逆流而返，如果军事不利，难以返回。看来刘备对此颇为顾虑，所以未敢水军顺流而下，而是采取了自认为进退适宜的陆路进攻，但其效果如何呢？

《三国志·魏书·文帝纪》记载，魏文帝曹丕看到蜀军出三峡后，兵屯峡口七八个月，是固守而非进攻的姿态，就对群臣说："备不晓兵。岂有七百里营可以拒敌者乎！"陆逊的孙子陆机在《辩亡论》中说："重山积险，陆无长毂之径；川厄流迅，水有惊波之艰。虽有锐师百万，启行不过千夫；舳舻千里，前驱不过百舰。故刘氏之伐，陆公喻之长蛇，其势然也。"陆逊的才能自不必说，曹丕只是长期在曹操身边耳濡目染，但他们都看到了蜀军的弱点，所以从另一个方面说明刘备此次战争的部署和指挥意图令人费解。

其实，蜀军克服弱点的方法，就是借助地利，顺流急进，变弱点为优点，才有可能攻破东吴在峡外的防守。可是刘备起倾国之兵，来势汹汹，却不敢顺流以求决战，竟将自己置于被动防御之位，只在峡外长期驻守，怂兵成为糜军，终至一朝覆没。

刘备兵败之后，东吴面临魏军压境的困难，刘备写信给陆逊，犹自嘴硬："贼（魏军）今已在江陵，吾将复东，将军谓其能然否？"陆逊回信："但恐军新破，创痍未复，始求通亲，且当自补，未暇穷兵耳。"

杜甫《八阵图》：

功盖三分国，名成八阵图。

江流石不转，遗恨失吞吴。

灭吴之战

魏灭蜀之后，拥有蜀地，取得了对东吴的地利。

司马代魏，建立西晋。275年，晋以羊祜镇守襄阳，筹划攻吴，只因东吴以陆逊之子陆抗镇守荆州，陆抗才能非凡，羊祜与之惺惺相惜，直至羊祜身故，西晋都未找到机会。但是，羊祜"绥怀远近"，又屯田积谷，为攻吴做准备，"及至季年，有十年之积"。此外，272年，羊祜以王濬为益州刺史，密令修舟楫为顺流之计。

276年，羊祜确定作战方略："梁益之兵（梁州即今安康，唐彬镇守；益州即今四川，王濬镇守）水陆俱下，荆楚之众（羊祜）进临江陵，平南、豫州（胡奋、王戎）直指夏口，徐扬青兖（王浑、司马伷）并向秣陵。鼓旆以疑之，多方以误之。以一隅之吴，当天下之众，势分形散，所备皆急。巴汉奇兵（王濬）出其空虚，一处倾坏，则上下震荡。"

这是历史上第一次完整的关于北方统一南方的全盘战略谋划，羊祜充分利用了蜀地位于长江上游的优势，兵出数处，又多设疑兵，使东吴首尾不能相顾，将长江斩为数段，东吴处处设防，处处被动，一处失利则全局动摇。羊祜的谋划是必胜之计，所以 279 年伐吴战争发动之时，羊祜虽已身死，但五路出兵的方略，完全遵照了羊祜当年的设计。吴丞相张悌率领三万兵迎战，自知不免："吴之将亡，贤愚所知，非今日也。"

王濬在益州造船，费时七载，等到完全准备得当，王濬已经七十岁。280 年，一朝伐吴，顺江而下，"旌旗器甲，属江满天"。东吴虽然在长江险要之处，以铁索横江，王濬作长十余丈的火炬，灌以麻油，铁索"须臾，溶液断绝，于是船无所碍"。

当然，吴主束手就擒，还有一个原因就是内政不修。陆抗病死，吴主孙皓酷烈，人心离散。相比之下，西晋自司马懿掌权以来，民心归附。故吴丞相张悌说："司马懿父子，自握权柄，累有大功……故淮南三叛（王凌、毌丘俭、诸葛诞先后被司马父子平定）而腹心不忧，曹髦之死（司马昭杀曹魏高贵乡公曹髦），四方不动……其威武张矣，本根固矣，群情服矣，奸计立矣。"以上下一心对人心离散，胜败不问可知。即使如此，晋朝文武，主张伐吴必成的仅仅张华、杜预寥寥几人。

刘禹锡《西塞山怀古》：

王濬楼船下益州，金陵王气黯然收。

千寻铁索沉江底，一片降幡出石头。

淝水之战

五胡乱华，前秦的苻坚统一北方。382 年，苻坚大会群臣，打算南侵："以吾之众旅，投鞭于江，足断其流。"前秦的官员，绝大多数反对南侵。但西晋平吴，似乎仍在眼前，其成功有很强的说服力，所以苻坚逆众意而行。

细观苻坚南侵，并非临时起意。375 年，帮助苻坚统一北方的王猛在临死之前说："晋虽僻陋吴越，乃正朔相承，亲仁善邻，国之宝也。臣没之后，愿不以晋为图。"苻坚大哭："天不欲使吾平一六合邪？何夺吾景略（王猛字景略）之速也！"王猛认为晋朝虽然南渡，僻居一隅，但其是正朔相承，未可图也。苻坚却认为，王猛如果没有早死，必然帮助自己"平一六合"，也就是说苻坚此时已有南侵之意。

383 年, 苻坚南侵。《晋书·苻坚载记》："坚发长安，戎卒六十余万，骑二十七万，前后千里，旗鼓相望。坚至项城，凉州之兵始达咸阳，蜀汉之军顺流而下，幽冀之众至于彭城，东西万里，水陆齐进。"苻坚处处模仿晋平吴之战，但虽有蜀中水师参与战斗，其实蜀中水师在战前一年才开始筹建，与王濬七年造船的准备相差甚远。另外，晋上下一心，而氐族前秦虽然表面上统一北方，实际鲜卑、羌并未归心，苻坚并未消弭潜在的民族矛盾。反观南方，东吴人心离散，且对顺流而下之王濬，防不胜防；东晋则以"镇以和静，御以长算"的谢安为统帅，政局稳定，君臣同仇敌忾。

因无强大水师顺流而下，前秦只能面对长江天险，结果虽有骑二十七万，"一水之隔，竟不能冲锋陷阵"，苻坚只能望水兴叹。淝水之战，苻坚军应谢玄之请稍退却，在阵后的原东晋将领朱序立即散布失败的谣言，前秦随即溃不成军。苻坚中流矢，氐族主力损失殆尽，晋取得淝水大捷，谢安留下"不觉屐齿之折"的美谈。

李白《永王东巡歌十一首》中曰：

但用东山谢安石，为君谈笑净胡沙。

瓜步之战

南北朝时，南朝的宋文帝刘义隆在未做好准备的情况下贸然北伐，北魏太武帝拓跋焘采取先防御后发制人的方针。时机成熟后，北魏数十万骑兵全面反击，拓跋焘自己亲率大军直趋瓜步（今江苏六合东南瓜埠），到达长江北岸，声言渡江，宋廷上下一片恐慌。其实，北魏连一条船都没有准备，且供给短缺，士气低落，已是强弩之末。

有趣的是，瓜步之战的双方都是以苻坚淝水之战为鉴。拓跋焘致信刘义隆："我亦不痴，复不是苻坚……"守卫盱眙的宋将臧质致信拓跋焘："尔识智及众力，岂能胜苻坚邪？"说明拓跋焘重在汲取苻坚失败的教训，刘宋一方则重视谢安成功的一方面。

宋文帝时期虽然号称"元嘉之治"，但他刚刚自毁长城，杀了名将檀道济，刘宋缺乏将才，统军的都是大言炎炎的庸才。前锋王玄谟，无谋无勇却刚愎自用，竟然在北魏人军压境的时候弃军而逃。北魏数十万强悍骑兵，轻松席卷淮南，但仍然面临苻坚当年的困境：一水之隔，竟不能冲锋陷阵。

拓跋焘在瓜步山上大赏群臣，沿江燃起火把，狠狠地吓唬了一下刘宋君臣，率军北返。

隋灭陈之战

581年，隋朝建立，杨坚为隋文帝。隋朝承继前朝"租庸调"制，与均田制并行。经过数年，隋朝府库各物堆如山积，甚至窖藏还不能容纳，钱穆说"隋则文帝初一天下，即已富足"，奠定了经济基础。

经过数年准备，588年，隋文帝杨坚下令大作战船，以未满二十岁的晋王杨广为大元帅，指挥五十一万八千人攻陈。隋军分出三路进驻汉口，阻挡中游陈军支援下游的建康。杨广出兵下游五路，亲率一军出六合，韩擒虎出庐江，贺若弼出广陵，围攻建康。相反，南陈后主陈叔宝为帝，荒淫骄侈，沉于酒色，不问政事，人民怨声载道。后主自恃有长江天险，军事上不以为虑，依然饮酒赋诗，欢笑奏乐。

隋军势如破竹，南北两道很快渡过长江，包围建康。陈后主不知抚恤下属，城内枉有十多万甲兵。隋军攻入建康，在井中擒获了陈后主，一同随绳索拽上的还有张贵妃、孔贵嫔两位美女，"门外韩擒虎，楼头张丽华"，亡国矣。

分裂了三百多年的中国，终于南北混一。

值得一提的是，贺若弼出广陵，路线与当年曹丕征吴相同，但曹丕未能奏功，贺若弼却一举成功，这是因为几百年间地理环境有了很大的不同。明清时，瓜洲渡至京口不过七八里，宋时十八里，唐时二十余里，三国时江阔四十余里，使得曹丕望而生畏，发出"天隔南北"的慨叹。

王安石《桂枝香》：

　　叹门外楼头，悲恨相续。

　　……

　　至今商女，时时犹唱，《后庭》遗曲。

宋灭南唐

960 年，北宋建立，赵匡胤为宋太祖。971 年，宋灭南汉，"十国"中，除了北方契丹支持的北汉政权，南方吴越钱家、泉州陈家都已臣服，就剩下南唐。赵匡胤在荆湖地区修建大型战舰，日夜训练水军，三年方告练成。

974 年，宋太祖赵匡胤以"卧榻之侧，岂容他人酣睡"为由兵伐南唐。宋军分五路出兵，其中两路是水军，一路自荆南顺江东下，直取金陵；另一路从南面经扬州入长江，逆水而上，攻击金陵。

另外赵匡胤联合吴越，吴越钱家从杭州出兵攻金陵，为东路军；中路曹彬、潘美渡江猛攻金陵；西路由王明率领攻湖口。各路分进合击，击破南唐守军，攻占金陵，南唐后主李煜投降。此次渡江作战，宋军最出人意料之举，是在长江下游最险的采石矶成功架通浮桥，为历次大规模江河作战的创举，可以想见赵匡胤周密详尽的准备工作，大军因而克服天险。

李煜《破阵子》：

> 最是仓皇辞庙日，
> 教坊犹奏别离歌，
> 垂泪对宫娥。

完颜亮攻宋

1161 年，金主完颜亮以六十万人攻南宋，分三十三军，五路并进。据说完颜亮是看到柳永的词作《望海潮》"重湖叠𪩘清嘉。有三秋桂子，十里荷花"，艳羡南朝的繁华，因而发动攻击。

完颜亮大军渡过淮河的时候，后院起火。金国贵族拥立完颜雍即位。完颜亮并不知情，势如破竹抵达长江北岸的和州（今安徽和县），准备效仿赵匡胤，在采石渡江。

宋军一片混乱，恰巧朝廷派了一位中书舍人虞允文劳军。虞允文召集前线退下的败兵，自任统帅，沿江布防。布防刚刚完毕，金兵渡江。虞允文指挥手下军队，分水陆两路抵抗。金兵不善驾船，大批战船被击沉，已经登陆的军队因无后援被歼，全线崩溃。侥幸逃回的，被完颜亮驱赶到江边诛杀。

完颜亮随即进兵瓜洲，虞允文领兵至对岸的京口（今江苏镇江）。此时，完颜亮得报，后方叛变。他决定平定宋朝后再回军讨伐叛逆，下令三日内渡江，完全不顾长江控制在宋军手中的事实，导致部队大批逃亡。渡江前夕，兵变，完颜亮被绞死，金兵撤退。

蒙古攻宋

从已经发生的历次战争，蒙古看到四川的重要性。1258年，蒙古灭大理后，分三路夹攻南宋：西路由大汗蒙哥率领，南下进攻合州（今重庆合川）；北路由忽必烈率领，南下进攻鄂州（今湖北武汉）；南路由兀良哈率领，北上进攻潭州（今湖南长沙），将南宋西部截成数段。南宋也有人看到四川的重要性，名将余玠充分利用四川险要的山势建筑坚城十余座，完颜宗弼（金兀术），在四川一败涂地，和尚原成了他心中永远的阴影。后世守军更不断加强巩固坚城，纵横天下的蒙古蒙哥可汗竟被困死于合州钓鱼城下。

忽必烈则改变战略，不再一味攻取四川，而是围困四川，隔绝呼应，重兵围攻襄阳。他看穿了四川只能困守，不能出兵救援中下游。襄阳被困五年，蒙古军队运来西征获得的"回回巨炮"，一炮轰碎城楼，声如百万霹雳。守将吕文焕望首都临安痛哭，开城出降。南宋驻扎在安庆的水军将领范文虎投降，此人是贾似道的女婿，日后曾参与远征日本。范文虎的投降，使得蒙古掌握了一支相当可观的水师。

曾国藩攻安庆

清朝洪秀全起事，建立太平天国。曾国藩训练湘军，以文人统军，征战四方。初时屡战屡败，甚至几度自杀，幸被部下救起。但是曾国藩却对大局了然于胸，有着战略家的眼光，他早早定下了进军皖中的方针，盯住了安庆。

安庆居于南京上游，是南京在江北的桥头堡，地理位置极佳。太平天国拥有安庆，可以扼守长江天险，敌军即使占据长江中游，也无法顺江东下，并且随时可以反击；清朝拿下安庆，就在南京头上悬上一把利剑。即使困难重重，曾国藩发扬"结硬寨、打呆仗"的六字诀，足足打了两年，围困十八个月，终于在城内粮绝后，"以地雷轰城，克之"。之后，湘军顺流东下，经过艰苦的攻城，太平天国覆灭。

石达开《答曾国藩五首》之三：

扬鞭慷慨莅中原，不为仇雠不为恩。
只觉苍天方愦愦，欲凭赤手拯元元。
三年揽辔悲羸马，万众梯山似病猿。
我志未酬人亦苦，东南到处有啼痕。

余　论

纵观历史，可见四川对中国的重要性。自古论中国的形势都以四川省比喻人的首脑，湖北省荆州、襄阳是人的胸部，江苏、浙江为下肢。

《后汉书·公孙述传》记载，李熊说公孙述成帝：蜀地"……东下汉水以窥秦地，南顺江流以震荆扬"，说明北方如果充分利用地势，从四川顺江而下，必然会给下游造成极大困难。当然，战争胜败不仅由地利，还有人和以及其他因素。如果南方政治清明，上下一心，北方内部不稳，强行攻击，失利的可能性较大；如果南方政令不修，北方就可一举而下。

除了这些，将领的个人作用也很重要。刘备竟不敢利用地利，胆略不足，未出兵已知其败。相比刘备，东晋的桓温逆流而上伐蜀，以一万精兵突进，攻入成都，灭了成汉政权。所以出兵作战，必有破釜沉舟决一死战的决心。

南北战争，几乎都是北强南弱。如果占据绝对优势，可以不攻四川，重兵围困，隔绝上下游的联系，在局部造成的上游攻下游，依然可以充分利用地利；或者兵出数路，令南方在千里江面处处设防，结果必然防不胜防，一点攻破，全局动摇。

那么处在下游的一方就只有被动挨打束手就擒吗？也不尽然。东吴袭击关羽之前，《三国志·吴书·吴主传》："陆逊别取宜都，获秭归、枝江、夷道，还屯夷陵，守峡口以备蜀。"陆逊驱逐了刘备于峡中所置宜都太守，封锁了三峡，迫使蜀军向西龟缩，无法下长江接应关羽。东吴严密封锁三峡，使得蜀军虽有地利而无从施展，吕子明白衣渡江，关羽授首，取得了良好的效果。宋人汪韶《读史》曰：

南北几离合，江山一古今。

秋风驼卧棘，春雨燕巢林。

家国兴亡梦，英雄胜败心，

九疑呼不起，愁绝暮云深。

文人雅集

中国人喜欢热闹，亲朋好友常常聚会。说到聚会，自然以王羲之的兰亭之会最著名，但王羲之的聚会又是模仿谁呢？

《世说新语·企羡》记载：王右军得人以《兰亭集序》方《金谷诗序》，又以己敌石崇，甚有欣色。

王羲之得知人们把他的《兰亭集序》与《金谷诗序》相比，又把自己与石崇相匹敌，脸上颇有喜悦之色。

石崇（249—300年），字季伦，渤海南皮（今河北南皮东北）人。大家都知道西晋时石崇与王恺斗富的故事，两个人穷奢极侈，王恺用米浆洗锅，石崇用蜡烛代替木柴；王恺用紫色丝绸夹道作屏障四十里，石崇则用亮光绵缎作屏障五十里；石崇用花椒粉涂墙（古代的花椒来自西域，价格至贵，只有皇宫用来涂墙，故皇后卧室称"椒房"）。王恺是晋武帝司马炎的舅父，司马炎暗中支持，送给王恺高二尺左右的珊瑚树，向石崇炫耀。石崇拿起铁如意，用力将珊瑚敲碎。王恺大怒，石崇命左右搬来高三四尺的珊瑚六七棵，跟王恺一样的则更多。王恺惭愧，"惘然自失"。

那么，石崇的钱是哪里来的呢？《晋书·石苞传》记载石崇"颖悟有才气，而任侠无行检，在荆州，劫远使商客，致富不赀"，也就是说石崇任荆州刺史的时候，因劫商客而暴富。本来应该保境安民的官府，竟然劫掠来往客商，这就可怕了！

所以石崇"财产丰积，室宇宏丽。后房百数，皆曳纨绣，珥金翠。丝竹尽当时之选，庖膳穷水陆之珍。与贵戚王恺、羊琇之徒以奢靡相尚"。

西晋太康时期，社会安定，经济发展，文学创作也出现了一个高峰，陆机、陆云、潘岳、左思、刘琨等人，经常在洛阳石崇金谷园的别墅中聚会，谈论文学，"日以赋诗"，时人称为"金谷二十四友"。这些人依附皇后贾南风的外甥贾谧，石崇、潘岳每每特意等到贾谧和贾谧的祖母等人外出时，来到门外，躲到道路一侧，望着贾谧等车后扬起的尘土，当街叩拜。

洛阳金谷园，"在河南县金谷涧中，或高或下，有清泉茂林，众果竹柏药草之属，莫不必备，又有水碓、鱼池、土窟，其为娱目欢心之物备矣"。

每次聚会，石崇都让自己的宠妾绿珠起舞助兴。绿珠据说姓梁，是石崇在做交趾（今越南）采访使的时候，以三斛珍珠（一说是十斛）换来的绝世美女。绿珠擅舞《明君》，石崇是《王明君辞》的词曲作者，可能是我国最早歌颂王昭君的词曲。

今天的洛阳市，有金谷园路。

在西晋惠帝元康六年（296年），征西大将军王翊要从洛阳返回长安。石崇为王翊饯行，邀请"金谷二十四友"以及当时其他名流共计三十人，在金谷园聚会，游宴赋诗，各抒己怀，赋诗不成的就罚酒三斗。园内还有很多乐器与乐人，众人同时演奏。后来编为一集，苏绍为首，石崇为之作序。

潘岳，字安仁，就是著名的美男子潘安。潘安是来自于杜甫的《花底》诗："恐是潘安县，堪留卫玠车。"为了对仗押韵，把"仁"字省掉了。"潘安县"是指他做河阳县令的时候，让全县遍种桃花，春天来临，一县数百里桃花盛开。卫玠是另一个美男子，有一次坐车出行，"观之者倾都"。

潘安貌美，称颂至今。少年时带着弹弓走在洛阳大街上，遇到他的妇人，都拉手围观。还有一个说法是潘安驾车出游，妇人争向其车中投掷水果，留下"掷果盈车"的成语。

左思相貌极丑，也效仿潘岳，结果妇人们朝他乱吐唾沫，左思"委顿而返"。可能左思受了刺激，埋头学问，写出《三都赋》，留下"洛阳纸贵"的成语，跻身"金谷二十四友"，与潘安一同进入了当时最有名的一个群。

潘安的文学造诣很高，且忠于爱情。他在妻亡后写的《悼亡》三首，与元稹的《遣悲怀》三首、苏轼的《江城子·乙卯正月二十日夜记梦》、贺铸的《半死桐》等同题材作品并传不朽。

西晋惠帝时期，皇后贾南风专政，赵王司马伦（司马懿第九子）发动政变，诛杀贾后，掌握大权，司马伦的谋主是孙秀。

孙秀，字俊忠，琅琊人，世奉"五斗米道"。他本来不过是一个小吏，善于玩弄权术，竟然手握权柄，专擅朝政。孙秀贪残污秽，睚眦必报。后来，其他诸王起兵反司马伦，孙秀被杀于中书省。

孙秀大权在握，向石崇索要绿珠，石崇大怒拒绝。孙秀诬陷其为乱党，派兵来抓，石崇对绿珠说："我今为尔得罪！"绿珠说："当效死于官前。"说罢坠下金谷园中的高楼而死。

石崇还认为自己没有什么大事，说"吾不过流徙交、广耳"，还想着自己最多不过流放越南、广州。等到囚车到了东市，石崇才明白过来，叹息道："奴辈利吾家财。"抓捕他的人说："知财致害，何不早散之？"石崇无话可说。

石崇死后，"有司簿阅崇水碓三十余区，苍头八百余人，他珍宝货贿田宅称是"。

唐代郭子仪的财富，主要是在长安附近的田地，靠放置很多水磨、水碓来收费，人们磨粉、舂米都要交费，在当时非常赚钱。石崇有水碓三十余区，郭子仪望尘莫及。

石崇每次请客的时候，常令美女斟酒劝客。客人如果饮酒不干杯，就让侍从斩杀美女。后来成为东晋丞相的王导，曾与族兄王敦一起去拜访石崇，王导素来不能饮酒，总是勉强自己强喝下去。每到王敦喝酒的时候，王敦坚持不喝，以观察石崇究竟会怎样。石崇连杀三个美女，王敦神色不变，还是不肯喝酒。王导责备他，王敦说："自杀伊家人，何预卿事！"意思是他杀他自己家的人，关你什么事！

王敦年少时，"旧有田舍名，语音亦楚"，是说他原来就有乡巴佬的名声，说话的声音也很粗俗，本来应该是比较淳朴的人吧？后来在东晋做到大将军，曾两次举兵下建康，意欲取晋室而代之，第二次举兵后病死。

王敦、石崇，何以冷酷残忍至此？

石崇死前，可曾想到被他劫掠弃尸荒野的客商？还有劝酒不成即被斩杀的美女？再富贵有权，被杀时都是一样的吧？

潘岳的父亲为太守时，孙秀曾为其手下一个供人差遣的小吏，潘岳因为看不惯孙秀为人狡黠，经常鞭打他。

孙秀既恨石崇不肯把绿珠给他，又恨潘岳当初对自己不礼貌。后来孙秀任中书令，潘岳见到他，就打招呼："孙令犹忆畴昔周旋不？"孙令，还记得我们以前的交往吗？孙秀回答："中心藏之，何日忘之？"潘岳听了，知道自己避免不了孙秀的报复。

孙秀逮捕石崇，同一天又抓了潘岳。石崇先到刑场，还不知道潘岳的情况。潘岳后来押到。石崇说："安仁，卿亦复尔邪？"意思是：安仁，你也这样了吗？潘岳回答："可谓'白首同所归'。"

潘岳在《金谷集诗》云："投分寄石友，白首同所归。"竟然一语成谶！

陈寅恪先生在《天师道与滨海地域关系》一文中，分析了造成"孙恩、卢循之乱"的孙恩、卢循的身世，指出孙恩的先人正是孙秀，而卢循的先人是著名大姓范阳卢氏的卢谌之后。

孙恩以道术聚众起兵，在三吴地区大杀士族，其中谢氏家族损失尤重，谢安之子谢琰与其两个儿子同时遇害。田余庆先生认为孙恩与刘裕都是次等士族，在他们的角逐中，历史选择了刘裕。刘裕代晋，表明这一支次等士族的力量，转化为皇权。

"金谷集会"五十余年后，353 年 4 月 22 日（晋永和九年三月初三日)，时任东晋会稽内史的王羲之，仿照前西晋石崇的金谷集会，邀集谢安、孙绰等文人雅士四十余人，在绍兴会稽山阴的兰亭相聚，"修禊事也"。"修禊"是指古代于阴历三月上旬巳日（魏以后定为三月初三日），官吏百姓都相聚于水边洗浴，以祛除不祥和求福，就是古人的游春。

"引以为流觞曲水"，这是说聚会的人引水环曲为渠，设"流杯池"，引水分流，激水推杯，至席前取而饮之，就是"禊饮"。"虽无丝竹管弦之盛，一觞一咏，亦足以畅叙幽情。"

兰亭聚会有二十六人赋诗，十五人因不能赋诗，各罚酒三斗。

王羲之将这些诗赋辑成一集，并作序一篇，记述聚会之事，并抒写由此而引发的内心感慨，有"仰观宇宙之大，俯察品类之盛"、"固知一死生为虚诞，齐彭殇为妄作"等名句。这篇序文就是《兰亭集序》，王羲之并醉酒后挥写了一篇《兰亭序帖》，后被认为是天下第一行书，共二十八行，三百二十四个字，其中二十一个"之"字各不相同。虽然至今未能见到王羲之《兰亭序帖》真迹，但观摩流传下来的唐宋摹本，惊羲之为天人！

过了几百年，又有了一次比较著名的文人雅集。

张先（990—1078年），字子野，浙江湖州人。

张先是我国北宋时期著名词人，因为"意中人、心中事、眼中泪"而被称为"张三中"。张先则问为什么不称为"张三影"？因为张先有"云破月来花弄影"、"娇柔懒起，帘幕卷花影"和"柳径无人，堕絮飞无影"为其得意之作。其中"云破月来花弄影"传诵千古，明朝的杨慎评论："景物如画，画亦不能至此，绝倒绝倒！"王国维在《人间词话》中评论："一'弄'字而境界全出矣。"

张先在七十四岁的时候，画了一幅《十咏图》，所画的是十八年前他的父亲张维参加一场文人雅集的事。

北宋庆历六年（1046 年），仁宗当朝，全国经济恢复，城市繁华。在江南吴兴，郡守马寻雅兴大发，邀请了吴兴城里德高望重的六位老人，到城里的南园，举行诗文雅集。这六位老人都是八九十岁了，有的是退休官员，有的是官员长辈，九十一岁的张维也在其列。

这六老与马太守在南园酬唱，饮酒赋诗。在座的还有一位正在湖州书院讲学的著名学者胡瑗，他特地为当天所作的诗写了篇序文。之后，马太守还请人将这些文字都刻在碑上，立于南园。

"南园酬唱"的同一年，范仲淹写下了《岳阳楼记》。

十八年后，张先从京城退休还家，就作了一幅画，细致地表现了这次盛会中的建筑和人，还把他父亲所作的十首得意诗作，抄录在画上，留给家人以作纪念。这幅画有山有水，亭台楼阁，遥对峰峦水浦，画上文人赋诗，乡女舂米，隔水相闻。

《十咏图》中段局部放大，可以见到水边岸上，有两位妇女正在用杵舂米，右边水面上则有一只燕子飞来。画面上题的两首诗，正是《闻砧》和《归燕》，可见这幅画的景物，完全是为了配合那十首诗而特别画的，是应题之作。

张先去世后，这幅画流传出去，曾经南宋权相贾似道、清朝乾隆等人的赏鉴，后被末代皇帝溥仪带出宫。抗日战争胜利后，溥仪从伪满洲国逃亡，其在长春皇宫里的藏画散落四方。

1995 年，有一位神秘藏家将《十咏图》推出，经著名鉴定家徐邦达鉴定为张先真迹，公开拍卖。北京故宫博物院以人民币一千八百万元拍得，"国宝重归紫禁城"。

中国历史上文人聚会较多，"金谷之会"前有三国时期建安诗人的"邺宫西园之会"，曹丕为主人，参加者有曹植、王粲、刘桢、应场、陈琳等，这应该是我国最早的文学集会活动。另外还有谢氏家族内部的"乌衣之游"和南齐竟陵王萧子良主持的，以谢朓及后来的梁武帝萧衍等"竟陵八友"为主的"鸡笼山西邸之会"等。

"蓬莱文章建安骨，中间小谢又清发。"

现代的文人雅集，首推美国的保罗·安格尔和他的妻子聂华苓于1967年创办的爱荷华"国际写作计划"，每年邀请外国优秀作家到爱荷华访问交流数月。四十年来，已有包括中国在内的世界一千二百多位作家到爱荷华访问交流，这应该是持续时间最长、参加人数最多、范围最广、影响力最大的"文人雅集"。1976年，安格尔和聂华苓被三百多位世界作家推荐为诺贝尔和平奖候选人。

这里选取的这三次聚会各有特色。"兰亭集会"最为著名，其仿照的正是"金谷集会"；"兰亭集会"留下了王羲之"天下第一行书"，虽然后世无缘得见，但从唐宋仿写的版本中也可得窥其妙；我们今天能见到的是张先的《十咏图》。跨越千年，我辈有幸观摩之余，追慕前贤风流，亦可以"把酒临风，其喜洋洋者矣"。

后　记

即将付梓之际，思绪万千。孩提时代站在商店门口听评书的懵懂，中学时省下每月五元零花钱全部用来买书的痴迷，大学时徜徉书海的快乐，繁忙工作之余，一书在手物我两忘的满足，如今都到心头。

其实，和这本书未来的很多读者一样，我也只不过是中国历史的业余爱好者。说业余，是因为自觉远远不够专业。因为毕竟没有经过系统严谨的史学学术训练，无法像很多业内人士一样用一套工具、路径去解读历史。对于我来说，有的只是对我们祖先历史和文明的敬畏和诚挚，我认为这是我写作最浑厚的动力了！

后记，最主要的使命就是对这本书的所有的贡献者表达最真挚的敬意，下面容我一一道来。

感谢原《读书》杂志主编贾宝兰老师。她在百忙之中通读了全书，并欣然为本书作序。作为《读书》杂志的创刊元老，贾老师从不吝惜对后学的提携，而能够得到她的垂青，于我而言也是至为荣幸！

感谢中华书局的编辑朱玲女士。朱玲女士是一位温润的知识人，她对于这本书付出良多，在各个方面都提出了有益的指点与建议，她严谨细致的作风，对于我今后的继续学习和写作是极大的教益。

感谢陪伴我一路走来的各位友朋：西安空港新城管委会的葛峰兄，曾经和我一样也是法官中的一员，我心目中"文质彬彬，然后君子"的样本。他创办的微信公众号《余墨》刊发了我的第一篇谈史作品《我所知道的黄仁宇》，也是因为他结缘了《人民司法·天平》杂志和《上上微览》公号，然后就是一发不可收拾的笔耕；杭州市下城区检察院的徐剑锋兄，我的倾盖之交，他也和我一样，是历史的挚爱者，是他不断鼓励我保持写作习惯，集腋成裘，聚沙成塔，最终有了本书的问世；还有《人民司法·天平》的李芹主编和各位编辑、广东省高级人民法院的张慧鹏兄以及《上上微览》公众号创办者"五月薇语"，也就是湖南省怀化市中院的曹阳女士，是你们给了我写作和出书的信心。

感谢我的单位——西安市莲湖区人民法院的领

导和同事们，在我最困难的时候，给了我最大的关照，让我能够走过人生的激流险滩，有了今日的从容。

特别要感谢我的亲人：我的爱人赵莉女士，包容、支持、鼓励我"不务正业"去从事历史写作，为此她分担了很多家务，能够让我心无旁骛地沉醉在自己的兴趣之中，而我们思想上的共鸣，更加珍贵。我的女儿李舒羽同学，她在我的生命中具有最重要的分量，前几天我让她用一个词形容我，得到的回馈是"靠山"。其实，她也是我的靠山，而且是我写这本书最大的靠山，尤其是她一米八的个头儿，我也肯定靠得住！我想，这本书应该是我献给女儿最好的成人礼！

最后，当然要感谢耐心和我一起分享这些中国历史片段与花絮的读者诸君。倾听是对讲述者的尊敬，阅读是对写作者的厚爱。谢谢你们！

纸短情长，书不尽言。

李坤

2018 年 8 月于古都西安